U0111854

大展好書　好書大展
品嘗好書　冠群可期

大展好書　好書大展
品嘗好書　冠群可期

武當武學1

武當太乙神劍門真宗

附VCD

關亨九　著
張桂生　編

大展出版社有限公司

祝賀武當太乙神劍門功法研究會成立

癸酉年春月

郭獻瑞

原北京市副市長郭獻瑞先生賀辭

著名書法家高余圭先生賀辭

著名書法家杜玉田先生賀辭

作者簡介

張桂生，1956年生，北京市人。三皇炮捶拳、武當太乙神劍門的主要傳人之一。

先生酷愛中華武術，自幼隨祖父習武。1972年拜張慶雲老師習三皇炮捶拳。1980年拜武當太乙神佛門第十七代掌門關亨九老師習武當內功、陣法、字拳及仙學修真；1987年至1997年任北京豐台區氣功科學研究會會長；1990年至2005年任三皇炮捶拳研究會常務副會長；1996年獲評國家一級武術裁判；1998年獲評國家武術六段。現任北京市武協委員、武當太乙神劍門功法研究會會長。

曾應邀到海南、廣州、四川、湖北、山西等多個省市傳授武學，並先後成立研究會、武術館及技擊班，弘揚中華武術文化。張先生在關老仙逝後，毅然辭去了公安工作，尊師遺願，親任會長，忠實地繼承二老武學精髓，努力鑽研，並在此基礎上，積極探索人體生命科學，著書立說，發表多篇論文，並相繼有新著問世。

序

　　2005年深秋，在一次武術交流活動中，我認識了張桂生先生。初次相識，自然言語不多，可是他謙遜、自信的待人風格，卻給我留下深刻的印象。之後，因爲工作上的緣故，我們又有多次接觸，而期間談的最多的是中國武術的內涵、現代武者應有的境界，以及如何正確修眞養生的話題。

　　張先生自幼習武，因酷愛武術，虛心好學，鍛鍊刻苦，故在同輩之中，尤顯突出。縱使時光流逝，四季交替，可是張先生的習武、修煉興趣仍絲毫未減，且武術基礎從此奠定。

　　張先生深知，中國武學文化是一門科學，與生命興衰息息相關，想達到武術高層之境界，非窮其修煉眞理不能完成。遂感使命在身，更感理論與實踐相結合之重要。

　　張先生習武多有拜師，卻又在近不惑之年有緣再拜高師修習，使自身感悟、武技，及修眞水準得以很快提高。

　　在漫長的習武修煉過程中，張先生博覽群書，孜孜不倦，反覆印證，筆耕不綴。再結合前人之經驗，

自身之體悟，追求之效驗的基礎上，逐漸形成了一套合理的修煉體系。

張先生時時告誡學生，武術與人類健康關係密切，習武應首重內修。內修還須明真理求真宗，以正確的理論指導實踐，方能事半功倍，有所成就。張先生身體力行，抱定以真實效果爲準則的積極態度，與同道相互交流，取長補短。

張先生認爲：修真是人生必修之課。是每一位想獲得健康的人，都應研究、掌握的一門學問。人要健康，求長壽，就必須認識理解人、天、宇宙的道理；弄明白精、氣、神之間的關係。最後，方能進入「天人合一」的理想境界。此時，人就會活得非常灑脫和愉悅。不但自身和諧，而且與外界的任何事物都能達到和諧的狀態。至此，長壽便不求而得，自利利他而獲得圓滿。

對武術愛好者而言，張先生認爲：習武應以「精神」立基。修真即修養本體之真源。「精」足，而髓滿；「氣」足，而體健；「神」足，便能「形神合一」達到完美。因此，武技者，必先內養完善。眼內含光，步履輕盈；進退自如，身輕如燕；性命雙修，動靜相間；陰陽合法，法於天地自然。正可謂：「天地兩間中有我，法天則地我則無。春夏秋冬生靈氣，晝夜明晦發神光。」闡明了習武者入道，故先修內的修煉真諦。

　　至於武術技擊之道，張先生認爲：技擊就是先求自身之有，然後顯出外發之能。古人云：「練武不練功，乃是無油燈；黑暗竟瞎摸，迷途永不明。」張先生提倡，習武要以練功爲本，拳術爲末。功要內練，無形無相；潛移默化，不言不語；有象則亂，有架則滯；不須多言，暗自用功，此之謂也。因此，求正道是奪天地自然之氣，法天則地；法四時，而知晝夜。

　　在本書出版之際，張先生囑我寫序，實不能承序之名。在此，謹祝賀《武當太乙神劍門眞宗》一書能成功出版，並爲廣大武術愛好者、養生者、研究者所關注。

　　　　　　　　　　《武魂》雜誌主編　馮黎

序

《武當太乙神劍門眞宗》一書的問世，標誌著武當無拳的說法結束。它以修眞、技擊、書畫、醫古的完整統一揭示了武當武學的博大精深，其上溯五千年的中華文化，下至未來回歸自然的人生，雖然直貫古今，卻沒有古今文化之別。古爲今用，今證遠古，它以通俗易懂的語言和文字直接揭示了道家經典的玄機和神秘，同時貫穿儒釋道三教歸一之旨。

本書雖然理法兼備，但更以實用爲目的。它集文武於一體，系統、全面地把養生和技擊與書畫完美結合，不僅爲研武者提供了詳細的理論和訣法，還以人們喜愛的藝術——書畫來練功習武，即陶冶了性情，增加了文化修養，強健了體魄，同時還學會了一門字拳藝。寫字即練功，揮筆可殺敵，正是本門的神奇之處。書法與練功，修眞與袪病，異曲同工，使人們不但從中得到樂趣，還能切實感受到中華民族文以修身，武以保命的文武雙修之眞諦。

《武當太乙神劍門眞宗》匯集了現今凡能搜集到的珍貴資料，其中包括神劍門的源流、師承、風格特點、功理功法及完整的字拳圖譜和實用秘訣；還有關

老珍藏的歷史真蹟——武當絕技「龍虎匾」。它是一部既有習練研究價值，又有收藏價值的武學遺產。它的問世，更加充實了中國的武學寶庫。

《武當太乙神劍門真宗》共分上中下三編，每編三章，取天地人三才之象，按天三、地三、人三之數演繹九九歸真之旨，其中節次象徵火候，將市面上所發行的單行本及片言短語匯散歸整。

本書有三個亮點，一是修真，二是技擊，三是醫古，各自成編，使讀者一目了然。其中文武合一、武道合一，渾然天成，拳納於字更是本門獨有的絕藝。但要提醒大家的是切勿把字拳看成套路。字拳乃無言之道，不可名，亦無以名之，因行之於手而強以名之。字拳在《武當》雜誌發表時，很多朋友和同道向關老來函索要套路，關老曾繪圖加以說明，而每多不解。因此，本書中有了更加翔實的注釋，強調指出了內勁，並附圖譜說明字的內勁與人的內勁的作用，剖析了拳出於字，但不是手舞足蹈的外形之拳趟也。

由此可知，字拳原出於「易」，以錯綜變而示神奇，以陰陽爻變而喻修真。「易」無錯綜則不變，一錯一綜變即生，生生不已，字亦如是。易無爻生難以成卦，字無筆畫哪能成字，所以說字畫就是易之爻也。字拳視之無法實有法，由有法歸於無法，自然規律，不待人爲。所以有拳沒有套路，有招式而無象。儒者十年寒窗不得其門，武者習練終生困於門外，是

未得「易」之理與「字」之道也。

　　學字拳必先通「易」之理，由「易」之理中求字之道，由字之道中求字拳之徵。字拳之微必須讀易拆卦通靈，而後寫字辨畫出拳，寫字就是練功，揮筆則是殺敵。望讀者審之、辨之、悟之。

　　本書的另一大特點，就是適宜所有喜愛養生和書畫武藝的人們，無論男女老少，身體強弱，皆可根據自己的個人愛好單方面的選擇修身養生、練功習技、書畫字拳。養生中包含著武學，書畫中包含著拳藝，所以它不僅能滿足專業人士的需要，也更適宜大眾的喜愛。

　　它的特色就是字拳，將拳納入字中，學書法練字就是練習技擊和武功。它不僅能提高人們的武學技藝，還能提高人們的文化修養，尤其是書法藝術，使人們真正能達到文武雙修的目的，做武有文理、文有武備、文武兼備、智勇雙全的現代社會的雙優人才。

　　過去，人們往往把學文和練武分開，導致學文者身體因缺乏鍛鍊而偏弱，練武者身體強健而學識偏低。該書的出版，正是解決了這文武合一的問題。神劍門的功法強調以修身為本，技擊為末。以本為體，以末為用；將拳法納於字中，藏功夫歸於修真。

　　確切地說，這是一門仙傳之學，講的是體用雙修，故有言祖不言師之計訓。所以，它即可以修身健體，又可以學文練武，同時還加強了書畫藝術的修

養，使人們的心靈和身體達到了完美的統一，真正能成爲一名德智體全面發展的優秀人才。

本書雖然理論和功法比較精深，但展示給讀者的卻是深入淺出，通俗易懂，學練靈便。

《武當太乙神劍門真宗》的出版，即是我對關老的懷念，也是我們神劍門功法研究會成立以來，共同努力工作的結果，我們借此以求同道和知音。我們相信，這本書的出版對於幫助人們科學的健身養生和實用的防身技巧以及深入研究修真、武學的理和法，提高人們的道德修養和武學技藝，都將不無裨益。

張桂生

目　錄

長白縣瓜爾佳氏民族概述

一、前　言

提起我們瓜爾佳氏的原始民族和歷代變遷，這話可就長了，非遠溯深追，不能得其翔實。但因家譜早已失傳，不僅年代綿遠，無法追查，而且各輩祖先名諱已多不詳，又沒有相當的相合參考材料形之於筆，只好根據各代傳說，加以回憶，隱隱約約地用說故事的方式，將所知道的點點滴滴，寫錄出來，以供參考。

（一）提起了我們瓜爾佳氏的原始民族和歷代變遷，這話可就長了。非遠溯深追，不能得其翔實。但因家譜早已佚失，不僅年代綿遠，無法追查。而且為輩祖先名諱已多不詳，又沒有想當的相合的參考材料，形之於筆，實屬困難。祇好根據歷代傳說，加以回憶，隱隱約約地，用說故事的方式，將所知道的，點點滴滴寫錄出來，以便參致。

（二）本瓜爾佳氏之根本源流，一開致我用歷代俗說的几句民歌作引子。民歌云：「白山蒼蒼，黑水茫茫。山川之靈，人民之光。」因世治史記載，說白山是我景祖興之地。並錄有滿州八大家族。今列如下。

二、瓜爾佳氏民族的根本源流

瓜爾佳氏民族之根本源流，一開頭我用歷代傳說的幾名民歌作引子，民歌云：「白山蒼蒼，黑水茫茫，山川之靈，民族之光。」因此清史載說白山黑水是龍興之地，並錄有滿洲八大家族，分列如下：

（1）瓜爾佳氏，直義公費東之後。

（2）紐祜祿氏，宏毅公額亦都之後。

（3）舒穆祿氏，武勛王楊古利之後。

（4）那喇氏，葉赫貝勒錦台升之後。

（5）棟鄂氏，溫順公何和哩之後。

（6）馬佳氏，文襄公圖海之後。

（7）伊爾根覺羅氏，敏壯公安費古之後。

（8）輝歲氏，文清公阿蘭泰之後。

證諸以上八家說明我們瓜爾佳氏是有根據的。溯本求源前身即古之女真族。先秦為「肅慎」、兩漢為「挹婁」、南北朝為「勿吉」、隋唐為「靺鞨」、遼代為「女真」，也就是明朝所謂邊境外種族之一。

明朝邊外境外之民族，東北有「女真」，北有「蒙古」，西有「藏番」，西南諸蠻。自古吃苦耐勞，以遊牧、漁獵為生，靠山吃山，依水吃水。後來伐木耕田，採參採藥，過著原始生活。繁衍在長白山和黑龍江流域，古稱白山黑水之地。瓜爾佳氏即長白女真之一部，亦隨各族雜居此處。遼明曾設長白女真大王府，長白縣即其所轄之地也。

我的始祖據傳說名叫瓜爾佳氏和善。因年代久遠，以

訛傳訛竟誤爲和尙。居於長白鎮,即今之長白縣。長白縣位於林海之中,它是在長白山之南麓,面臨鴨綠江。長白縣北十餘里,有山曰橫山,鴨綠江水即由此穿過,隨著長白山腳,圍繞長白縣城。不過一片荒蕪而已。清朝設屯（一旗二十五屯）,每屯設鎮長一名,立名縣城。所設縣城並無磚瓦建築,乃是用木柵兩三層圍繞而成城郭。依長白山坡,沿鴨綠江邊,有通行大道一條,進入橫山,直達北山原始森林,可以伐木放排,由鴨綠江水路運輸一直到臨江的望江樓,分售各地。我的祖先可能也從事這種生活。

近年此源前身即吉之女真族。先秦為「肅慎」兩漢為「挹婁」南北朝為「勿吉」隋唐為「靺鞨」遼代為「女真」也就是明朝可謂边境外種族之一。明朝迫外境之民族,东北有女真,北有蒙古,西有蕃,西申諸蠻。首吉吃苦耐勞,以遊牧、漁猎、靠水吃水。後來代水利田。採蔘採葯,過著原始生活。繁衍在長白山和黑龍江流域。古辈白山黑水之地,瓜爾佳氏即長白女真之一部,外隨為族尤居此窗。遷时曾設長白山女真大王府,故白縣即其可据之地也。我的始祖招倍說,名叫太昭民佳氏和善由年代縣遠。以訊傳訊,竟誤為和尙,居於長白鎮,即今之長白縣。

三、隨從滿清編入八旗

明朝歸散居長白山黑龍江一帶的女真族劃分爲建州、海西、野人三大部落,使其互相殘殺,以消滅其境邊力

量。據清史記載，吉林寧古塔西獻百里外朵里人有三姓人爭奪酋長，忽來一男子，自稱天女佛古侖吞朱果所生，姓愛新覺羅氏（即滿清之原始祖），名布庫倫雍順，受天命來做酋長。三姓人驚異，即推雍順爲貝勒，這是利用神話，欺騙土人而得酋長位。下傳約有十世，至努爾哈赤。明萬曆十二年努爾哈赤兵力日漸強大，明朝封他爲建州都督簽事，希望用虛名清滅其勢力。

真族劃分爲建州，海西，野人三大部落，俟其互相殘殺以消天其親邊力量。據清述載吉林寧古塔西南百里外，朵黑城有三姓人爭奪酋長，忽來一男子，自稱天女母佛古侖吞朱果所生，姓愛新覺羅氏（即滿清之原始祖）名布庫倫雍順，受天命來作酋長。三姓人驚異，即推雍順爲貝勒。這是利用神話，欺騙土人而得酋長位。下傳約有十世，至努爾哈赤。

明萬曆十二年努爾哈赤兵力日漸強大，明朝封他爲建州都督簽事。希望用虛名消滅其勢力。努爾哈赤爲了和緩明朝的疑忌，於萬曆十八年、廿一年、廿六年三次向明朝進貢。但

努爾哈赤爲了和緩明朝的疑忌，於萬曆十八年、二十一年、三十六年三次向明朝進貢。但一方面極力併吞其他部落，擴大自己的實力。萬曆十七年攻取鴨綠江部（即長白部）。據我祖先傳說，凡是長白縣土著女真族，均被擄去當兵。我的遠祖就是這次被擄入伍的。

萬曆三十六年後，努爾哈赤停止向明朝進貢，同時明朝熊廷弼封閉互市兩年。四十四年努爾哈赤登可汗位，國

號金。建元「天命」，建都於興京。在此前兩年間，努爾哈赤創立八旗軍制。所謂八旗者，即正黃、正白、正紅、正藍、鑲黃、鑲白、鑲紅、鑲藍等八旗爲滿洲正紅旗。我的祖先，列入正紅旗，永遠當差服役。所以瓜爾佳氏屬滿洲正紅旗。

從此以後，隨軍西征，錦州戰役結束後，落戶於錦州城北白廟子村（即白廟子屯），不幾年遷居於城東五里營子屯，即此定居。但男丁仍舊隨軍入山海關（後稱隨龍入京）。明崇禎十七年五月初一日，清軍抵北京，多爾袞進朝陽門。十月初一日福臨相繼入京登基，國號大清。

清兵入北京後，即將八旗軍分布各城門把守。詳列如下：鑲黃旗駐安定門內；正白旗駐東直門內；鑲白旗駐朝陽門內；正藍旗駐崇文門內；正黃旗駐德勝門內；正紅旗駐西直門內；鑲紅旗駐阜成門內；鑲藍旗駐宣武門內。同時，我的先祖將家屬接到北京住在西直門外，所以一直至今我住在西直門外，更說明瓜爾佳氏列入滿洲八大家族是有來由的。

四、京旗屯田遣回長白縣

康熙晚期，因滿洲旗人都願隨龍入京，以致入京人數日漸增多，達到無可制止的程度。不僅有礙軍紀而且影響國家經濟。因此降旨，勒令旗人返回原籍，設屯墾荒（每旗二十五屯）。規定每戶開荒若干畝，多則若干坰，自己耕種，謂之官莊旗地。同時關內漢人，因爲他們的所有土地多數被旗人兼併，無法生活，遂有大批流民出關，分佈在吉林、烏拉伯都納和長春等地。長白縣屬於長春，因此

長白縣內有漢人同滿人居住。

此外，另有女真完顏部，居於泰神忒保水，即今朝鮮咸鏡南道北部，與長白縣有半山一水之隔，所以朝鮮人流入長白縣內，造成現在滿、漢、朝三個民族共居。此乃長白縣沿革之由來也。

雖然此次京旗屯墾，旗人獲得土地，但因旗人在京養成好逸惡勞的習慣，苦於勞碌，大多數把所得土地租給漢人代耕，私自潛回北京。間有

正一朝期，我的先祖，(一年代和輩數均不可攷)僅指傳說，有及眾佳永色狂奢者，不僅精通滿文，而且善長深學，更善技拳、劍術。我家世代三傳，三寶，祀列如次：

一、雍正年間廣東總督劉玉麟，巡極傅泰三人的摺奏和皇上碟批彩印牢一本。(未列)

二、武當拳宗字拳三十四字秘訣一本(抄本)

三、搭畫秘訣一本(抄本)

以上三寶我宗祖輩三相傳，代三繼承，一直傳到我手。不幸燬於十年浩劫，並被查抄時在亂紙堆里殘存奏章壹十頁(係重水燬)

留縣自謀生路者。此時我的先祖，由旗下委派留縣徵收歲稅。據傳說徵稅地點在長白縣北之橫山左邊，屬管鴨綠江上游點排收稅。開始並無完備手續，凡放下木筏，即行清點筏數，按筏收稅，並無收據，所得稅款，除去開銷，剩餘無幾，僅能糊口。長時如此，不能維持生活，不得已遂回京。

據說收稅之卡，可能是在二龍洞、門檻哨、閻王鼻子

以及其他各處。是否如此，因離鄉年久，實難肯定，不過僅據傳說大概記述罷了。

五、在北京和錦縣兩地，教子讀書，以求仕進

康熙晚期至雍正初期，我的先祖（年代和輩分均不可考），僅據傳說有瓜爾佳氏色拉春者，不僅精通滿文，而且專長漢學，更善技擊、劍術。我家世世代代傳有三寶，記列如次：

1. 雍正年間廣東總督劉玉鱗、妄撫傅泰二人的摺奏和皇上硃批影印本一本。

2. 武當拳宗字拳二十四字秘訣一本（抄本）。

3. 指畫秘訣一本（抄本）。

以上三寶我家輩輩相傳，代代繼承，一直傳到我手，不幸毀於「十年浩劫」。在查抄時在亂紙堆裏殘存奏章數十頁（係查辦鹽務、緝盜、採木三案的摺奏和硃批）。其餘則無下

实通使刺水陸暢通。阆亲三寶有计划地开採，有規律地运貓。海汗朝先弟民族的劳动人民，为了振兴中华，为了四化建设，定能欢欣鼓舞，同心合力，劳动在这面貌一新的土地上。长白县啊，长白县啊！我的家乡，可爱的家乡，时刻难忘的家乡。

（八）编後語：

我们瓜尔佳氏雖然祖居长白县，但是後來隨滿清入商，离开长白县，大约已有十幾辈，迄今相隔，已有三百来年。只因家谱遗失，不僅几辈年代不清，即先祖光名都抹糊难以查找以上前述，可据者由無求者，更近追達。婚兔樹一漏夢，不夠全

落。可惜呀，可惜！這三寶是我遠祖在雍正初隨從廣東總督劉玉鱗、巡撫傅泰充當書吏時的手跡（實際是明為書吏，暗為其二人保暗鏢）。尤其是指畫秘訣，是與高其佩合作的，更為難得，現經我追憶寫於漫談中國書畫中。所以我的書畫是祖傳。

我在學畫的階段裏，還有一段奇遇，不可泯沒。離我家煤礦五十里有村曰寺兒堡，位於群山中之南山廟裏有一僧人，法名廣玉，別號忱山，善書畫，長於十七帖，據他說原籍居於鴨綠江畔朝鮮邊境內，可能是長白縣左邊。傳授我草書，回憶他在民國初年曾居於哈爾濱，在大連、長春等地賣字，落款「方外忱山」，現已事隔多年，是否還在？殊難擬略，每一動筆，不勝感慨之至。

在回憶以往，彷彿還有某代祖先瓜爾佳恩貴者，知書

面，希望頁責史志的同志們，大力協助，加以指正參考。

另外，我们先人，迭次隨軍出征，參加戰役，可能立有戰功。

在我童年，戰亂还残古舊籍。虎甲破區，據我祖母說过，可能是雲時勳。宗今因與寶物證明，不可武断，謹列於後，籍以追念。

長白縣　長白達人　閻亭九寫記

甲子春三月五日寫於北京夢古齋

善文牘，曾於咸豐十一年隨粵東都權使做幕賓，粵東都權使名阿克當阿，亦係滿人，因此乃從其出仕。我家向居北京。待到光緒二十六年我父領有奉天省（今遼寧）錦西縣煤礦，在錦縣成立永慶煤礦公司，乃逐遷居錦縣五里營屯（翌年辛丑我始降生），並與米春霖領有松樹卯鉛礦，從此我們即以礦商起家。我五歲時家中設有專館（私塾）學知識、騎射和技擊。這是我家歷代的舊傳統，啟蒙時的學名是關福庭，字星兆。入社會後改名關亨九，即今書畫上之題款也。

六、我的學歷和經歷（另附文）

七、可愛的家鄉，難忘的家鄉

　　以上是我們瓜爾佳氏的溯本求源，經過時代的變遷，離合悲歡，苦辣辛酸，幾乎都嘗盡了。開始受封建王朝的綁架（永做兵役為奴），經過軍閥內戰，遭受外國侵略，我們這樣的少數民族，橫招歧視。只有共產黨解放了全中國，我們走上了真正自由的道路，過著美滿的生活。

　　現在縱然白山黑水依舊，但我想像中的長白縣交通便利，水陸暢通。關東三寶有計劃地開採，有規律地運輸。滿、漢、朝兄弟民族的勞動人民，為了振興中華，為了四化建設，歡欣鼓舞，同心協力，勞動在這面貌一新的土地上。長白縣啊，長白縣，我的家鄉，可愛的家鄉，時刻難忘的家鄉。

八、我們瓜爾佳氏

雖祖居長白縣，但後來隨滿清入關，離開長白縣，大約已有十幾輩，迄今相隔三百多年，只因家譜遺失，不僅各輩年代不清，即各祖先名諱亦都模糊，難以查找，以上所述，可稱是由無求有，由近追遠，難免掛一漏萬，不夠全面。希望負責史志的同志們，大力協助，加以指正是幸。

另外我們先人，迭次隨軍出征參加戰役，可能立有戰功。在我童年我家還有殘弓、舊箭、片甲、破盔，據我祖母說過，可能是「雲騎尉」，而今因無實物，不可武斷。僅列於後，借以追念。

長白縣長白遺人 關亨九 寫記
甲子春三月五日寫於北京萬古齋

上　編

第一章　修　真

一、武當修眞密旨

神寧氣聚登仙成大道，通神達化見隱又顯微。

微微化化由有有到無，無此無彼無我我即無。

天地兩間中有我，法天則地我則無。

春夏秋冬生靈氣，晝夜明晦發神光。

朝夕爲春秋，晝夜爲多夏。明生則晦沒，寒來則暑往。此中有數有氣，乃氣數之道也。

二、日月陰陽

日月同明知晝夜，知方知圓知造化。

陰陽合德曉四時，曉來曉往曉回春。

又云：

日月同鳴報十二時吉祥如意，

天地合德慶億萬年富貴壽康。

註：這是1890年九月初二日光緒皇帝結婚時，英國女皇所贈自鳴鐘上的對聯，說明道不分中外，人類修眞之理則一也。

三、三清大法

1. 天 清

甲乙木清，丙丁火清，庚辛金清，壬癸水清，戊己土清。雖屬五位清，其實是十天干清。

2. 地 清

寅卯木清，巳午火清，申酉金清，亥子水清，辰戌丑未土清，雖在五位清，其實是十二地支清。又辰戌丑未附於四正方，謂之四時清。

3. 人 清

東方木清則仁，南方火清則禮，西方金清則義，北方水清則智，中央土清則思，此係人隨五行清而生五常清，又謂之五神清（靈）。法天則地而施之於本身，則無不清矣。清則去濁，乃成純清（清陽也），則群陰盡伏而聽命矣。此乃修真必要之道也。

四、四季清

三月桃花清，六月荷花清，九有菊花清，臘月梅花清，能隨四時轉，萬花園裏四季清（花者化也，清者青也）。

五、自生篇（要認識真數）

萬物生長出於數，老子云：「一生二、二生三。」這是說數的開頭。究竟怎樣生長，並未說全，隱諱了生生之道。今詳述之。

萬物和人都有生、長、成三個過程，無形中蘊藏於自

身，每天十二時裏都在生長，而人不覺，一二三是生時，由一二三到二二三，由二二三到三二三。四五六是長時，由四五六到五五六，由五五六到六五六。七八九是成時，由七八九到八八九，由八八九到九八九。生時起子到寅，長時起卯到巳，成時起午到申，此即春華夏長秋實之謂也，亦即法天之四時而用其三也。例如人由初生起，是天天長，長長而後成。不知不覺由孩童到長大，由長大而到成年，由成年而漸老，老而衰，衰而朽，以至於死。

　修真修道則反之，則由成而回到生，由生回到長。以至於成而又生，長而又長，長而又成，生生長長，生生不已。每天十二時中找生機，用九行三以避衰亡，不可不知，此乃自生、自長、自成，數術之至理也。積時累月而成年，一年三百六十日，進而有三千六，三萬六，知此方能掌握生生之道矣。

　但是人多在貪字上算數，越多越好，而不知自身上算數須無窮盡，人有生死，反之生死全在數中。知數術者長生，忘數術者乃亡。所以萬物不能逃乎數術。人自不例外矣。

　數有裏外之別，數裏之數爲小爲微，爲減爲除；數外之數，爲大爲顯，如加如乘。在天是奇偶定位，在數是正斜定位。數的字碼，是人類最早的創造，藉以表達大自然之深奧理論。它分爲上古、近代兩個階段，上古所創的數位，出於自然，極爲純樸。以豎爲主，從天謂之天符。如：Ⅰ、Ⅱ、Ⅲ、╳、ɤ、☉、⊥、⊥、≡、十。

　近古所創的數位，屬於人爲，甚爲繁瑣，以橫爲主，歸於地，謂之地符。即一二三四五六七八九十。兩者雖形

狀不同，但是都有造化的功能，單用有單用的現象，雙用有雙用的變換。

它是代表天地生人，生萬物，包羅生死存亡，興衰得失，推出八卦的符號和五行的標示，啓發了儒、釋、道之端倪，更闡明了道的玄妙，可稱一切學問的鎖鑰。它可以築鼎，它可以安爐，它可以爲琴，可以煉丹，可以練劍，生天地，通鬼神，發陰陽，能化春夏秋冬四季，能化日月，普照塵寰，斗轉星移亦在數中，種種幻境幻覺無所不包。它可以大至無量，小至於微，可以證有，可以證無，大者爲顯，小者爲微，加乘累積而成大，減除削少而成小。即數字之微積與分合也。不僅記多少之數目，而且能默示人所不能察覺的奇跡。所以，認假數容易，識真數者實難。俗人都認爲自己識數，其實是不識數，所識者假數也。識真數要掌握造化，才能窺其玄妙，非至人所不能也。尋師不易，遇師不難，往往交臂失之，追悔莫及矣。陸游詩頗與道相合，今附錄之以供參考。

> 巧說安能敵挫修，焚香默坐一窗幽。
> 煌煌炎火常下照，黃河之水方逆流。
> 氣住神仙端可學，虛心造物本同遊。
> 絕知此事不相負，荊棘剪除梨栗秋。

數字出於河、洛，本自《易經》。玩「易」必須通卦，通卦必須拆卦，拆卦通靈，謂之通靈法。識數目之數，知天地之數，方得其靈。以上是說數的來源，沒詳寫用法，現在要解河洛以拆卦。通靈法，古今只有諸葛先生

通此而善用，然並未傳於後世。雖有儒、釋、道各家學者，偶一提及，然往往泥於文字，各說各理，反增其累（例如《周易》之繫辭），以致意見分歧，竟將上古的純潔哲理，弄些花樣，詭秘百出，誤人而誤己。剽竊前人，欺騙後人，縱使天生慧覺冥悟之士，雖獨有高見，亦大有清不勝濁之感（即老子所說：「下士聞道則大笑，不笑不足以爲道」）。今僅按古樸簡勝繁的規律闡述己見，不過徒惹俗人一笑耳。數，本出於河圖洛書，發洩天機，不可捉摸。奧妙之處，在於簡而純。說有可以，說無也可以，空洞中現實（全有），現實（萬能）反回空洞。此乃有無相生之道也。欲行此道必須玩「易」，玩「易」必須懂「河圖」、「洛書」。

六、河圖、洛書（圖1-1、圖1-2）

河圖、洛書本是很簡單而純樸的數位與符號，如能拆卸而用，即可洞其奧妙，得其真理。詳解如次：河圖數字

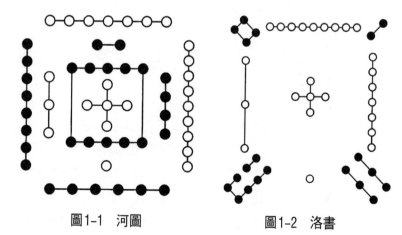

圖1-1　河圖　　　　　圖1-2　洛書

九，把一二三四列於內，五居中，六七八九列於外，奇偶相雜，陰陽混列，如圖畫之有輪廓、有中心鋪平而現。以圓爲主喻爲天，並且因其數九屬火，方位在南，其象爲馬，所以說河馬出圖。

洛書數字也是九，但是它將一九三七等奇數列爲四正方，把二四六八等偶數列爲四斜角，有如書法之橫豎撇捺，重疊錯綜，以方爲主，比爲地。並將其數除五居中以外，而用其他八個數，構成四面八方。四奇爲陽如人之背，四偶爲陰如人之腹，腹背相對，更使其似龜拱背抱腹，四足在腹之四角，顯然成形，因此說洛龜背出書。

河圖、洛書發於大自然，基於造化，故曰先天之根。以後演變出卦，涉於俗事，則爲後天之學。但都沒離乎數字的規律。

偈語如次：

> 拆天拆地拆自己，盜天盜地盜其機。
> 只有河洛與八卦，字數相傳不我欺。

卦有「連三」、「歸（藏）常」、「周易」三個階段，詳述如下。

1. 連三卦

連三者，是把九個數字分成三份連而用之。即一二三，三個數字的三連在上，四五六，三個數字的三連在中，七八九，三個數位的三連在下，合一二三四五六七八九之一貫。即道家比如身上能栽九節蓮（連）也，在上爲天，在中爲人，在下爲地。化爲三才而運動，即道家所謂

一生二，二生三，三生萬物，生生不已之謂也。

2. 歸常卦（常者藏也）

歸藏者是把九個數入而用之，把九字隱藏於中。即乾一兌二離三震四巽五坎六艮七坤八，周列分行，將奇偶之數化爲陰陽二氣。一二三四爲陽，五六七八爲陰，如兩魚相銜相抱。陽魚爲首（魚同餘），向右而歸。陰魚爲尾，向左而藏納於中，即把二數相向之九置於中間也。推演出春夏秋冬，四時八節二十四氣以及七十二候。生殺萬物，演成造化，萬物均在此中，無法逃避，此即有無之大道也（說明無極與有極，又是虛中之餘也）。

3. 周易卦

周字不是文王周朝之周，而是周圍之周。「周易」是把八卦飛行於九宮，成爲圓周。列外環行，互相錯綜推演。一卦一易而分成八八六十四卦。週而復始，法天法地，先懂天文地理，後曉人事。此乃後天之學也。

以上所述河圖洛書，都是數字闡明造化之理。造化生萬物，而人也屬萬物之中。造化萬能，人是萬物之靈，所以應知造化生生不已之道，而免衰老死亡。

河圖是天之機，洛書是地之機。卦是以人法天地，盜天地之機，所以叫天馬行空，地龜行氣。這樣作法則人在氣中矣。道家的有作，釋家的無爲，儒家的格物，均在此中。人格合於天機者謂之合格。事有適當也叫合格。其像如規之格，亦即方正之格也，人與事如要偏斜，則爲出格，不合格。事物不及叫不夠格，說不通叫格格不入。要知格而求格，萬物難逃其格。沒規格則什麼也做不成，失常則破格矣。

用於修煉，上為三天，下為九地，中間屬人之五臟六腑。上法天為升，下法地為降。下用錯落，上用回數，一氣直行如龍在天，出於無極，上下互用。

用於法天法地，六六宮中總是春。天合德，天刑殺，陰陽消長都在此中。

河圖在人為頭，洛書在人為腹，八卦在人為肢體。修道者必須把它拆開，則頭腦靈，腹宏鬆，肢體活，自能得道延壽而長生。

所謂九宮者，即是將洛書之數布於外，八卦藏於內。詳細地說，就是把乾坎艮震巽離坤兌布之於九宮（也叫布九）。反之，九收藏於內曰歸藏（也叫藏九）。但是用此者必須有真師傳授，才能達到久而久之自通靈（又叫九九通靈）。

河圖、洛書能呼吸而通造化。它是人的頭面，五居中，其餘在外而成方，小入大出收放也。

洛書居於人的前胸和腹部，陽在後背，陰居前腹與胸，方腹五中，小入大出進退也。

天數五個五，地數六個五，天地合起來謂之大衍五十五。六個五與五個五相加為十一個五。六加五謂之天均地衡，如果十一乘以五，仍是大衍五十五。即邵雍所說之：「天屬五、地屬五，天地五十五。」

七、再生篇

八仙之一呂洞賓云：「今生難得今已得，大道難明今已明，今生不向來生度，更待何生度此生。」

說明再生之過程也，其法如次：

　　八卦分納於九宮，人居五，謂之主五而生人，居於五龍亭。九宮逆納於八卦，人居一而降生，謂之赤子抱一，居於碧雲宮。修真須知有作而能體會玄理。即自己把本身納於八卦而通九。例如：乾坤亨九，坎離亨九，震巽亨九，兌艮亨九，四九三十六謂之長春宮。以數字納入八卦中，即一納乾，二納兌，三納離，四納震，五納巽，六納坎，七納艮，八納坤，則本身居中宮矣，即所謂人居長春宮中永是春。此乃以身納卦之法也。歌曰：

　　　　今生識前生，前生化今生。今生度來生。
　　　　來生又前生。三生循環轉，生生永長生。

　　學者不讀三墳五典，八索九丘，諸子百家，以及三教九流之學，難以明乎此，縱使稱聖稱賢，不過爲俗人作嫁耳。

　　知晝夜，曉四時，可以存神可以藏王，然後才能達化通幽。神者九也，八數在外，而九藏於中（不見謂之藏），謂之存神。王者四季之道也。即四時循行，把首月之數起於中，謂之藏王。九神在天可以達化，四王在地可以通幽。深而言之，就是八卦動而存神，地數行而藏王。上六時中可達化，下六時中可通幽。達化是練陰陽之氣，通幽是得四時之數。陰陽氣化，時刻運行，氣數相輔相成而道生，如此掌握謂之得道。

八、知數術之道

　　天地陰陽本氣數，法天則地乃道術，明明法象分日

月，日月穿梭壽齊天。知方知圓勿拘泥，出入升降數之
變。參透此中真造化，超出空間即登仙。

今生來生，生生不已；晝晝夜夜，晝夜不停。

天地合德日月同明，通神達化天地我同。

象有日月朝夕晝夜，數有寒暑春夏秋冬。

四時晝夜，天地合德，日月同明，均在掌中。

以上所述，均係陰陽相互交感之理。陽對陰曰施。陰
對陽曰承。施乃入，承而受，此陰陽交感之定律也。陽數
最大爲九，除一以外最小者爲三，此天地陰陽之定數也。
橫豎行爲交，由內向外爲納，由外向內爲縮。納縮而小爲
巧，遍體相合爲妙。巧而施之，妙而受之。上下俯仰，左
右出入。隨形體以數而變，居中爲用。九數用三，十一用
四。十五用五，十八用六。廿一用七，廿四用八。廿七用
九，卅用十。此乃天真之交感，非人爲之感。

天地間群陰皆可用，乾坤內諸陽都能施。陽能造具，
陰可爲器，器與具本係天之所賦。真性情由感而生，純潔
無比。假性情從欲而生，斯則亂矣。

所以，至人遠欲求真而成道焉。真感生數，一而十，
十而百，百而千，千而萬，千千萬萬常續而不盡。假感生
人，曾而祖，祖而父，父而子，子而孫，子子孫孫代代
傳，乃世俗之道也。

陽神：一三五七九。陰神：二四六八十。陰器陽具皆
如此，奇偶配合原非奇。陰陽相感器具動，陰開陽起氣乃
調。

九、知丹數

「丹」者單也，乃數之一，屬陽而成奇數。而有的修道者求仙煉丹，未免太繁，令人不解。須知有真一之單即是「丹」，何須它求。

十、數字升降解

一二三四五，五四三二一，先天升則長，後天降則生，前生與今生，今生又來生。升升降降。生生永長生。

全身宮卦數字安排：

人身戴九履一，二四爲肩，左三右七，六八爲足。此乃九宮也。如果把八卦納入九宮，即乾納一，兌納二，離納三，震納四，巽納五，坎納六，艮納七，坤納八，餘九宮則爲自居之宮。即所謂聖人作而天同。宮卦相交又名合玄女，巽卦居五，因其本身屬五又居中宮，是當令，故稱之曰令，司號令也。

十一、易之我見

「易」之神秘處，在於換字。時時換，換則變。天天換，月月換，年年換，週而復始，永恆不息，因之要懂得年月日時用卦的安排。一年十二個月每月一卦，即基於此也。它是乾坤兩卦十二爻一動一變而推演出來的。說明各卦都要有安排。即安排於日、月、時也。所以十二時爲一天，三十天爲一月，年上起月爲元，十日爲旬，加上朔望分月爲半，一年三百六十日，一月三十日，一日十二時，時與月皆十二，但是起止不同。時起於子，止於午。月起

於寅，止於申。五日為元。十日為旬，三元為月之半，三旬為一月。四季中運用乾坤二卦已泄天地之機，闡明了自然的造化。此外不過在日月時上推求人事而已矣。元上起卦，五日一易推而至六十四卦，自知人事之變遷耳。例如時上起，日上起，月上起，元上起，旬上起，年上起，八節二十四氣，七十二候，都在此中矣。

十二、行三立十

在天四時用其三，在地四方用其三，在人四面用其三，三三聚頂（鼎）上九天。行之以時，止其所止，上止於背，中止於胯，下止於趾。在卦止於艮。

十三、六虛與六道

坤卦六陰為六虛，乾卦六陽為六道。一陽在坤卦上下變動，坤不變叫神遊太虛。一陰在乾卦上下變動，乾不變叫魂行六道。陽為神氣，陰屬魂魄，氣遊六虛以養神，魂行六道以固精。精固神活，得以長生。

此法之動在外，行之在內，上六遊虛，下六行道，必須各得其時，有動有靜，亦休亦息，不為四時所限，不受干支所制，逍遙自在，活活潑潑，非《易》之「六龍」，莊子之「逍遙遊」乎？行者自知，法通天地，功在身心，不為心使，不為念擾，造化出於自然，生機操之在己，了此二卦，掌握乾坤（二卦），四時只在十二卦中，何必追求六十四？六虛裏有三才，六道裏有三世，才能法天法地，可知今生與來生。回憶已往，預測未來，實係有驗之學，並非怪力亂神。要以科學態度對待，更合乎生物哲

學。勿因俗說迷信而棄之，後學勉之。

《參同契》曰：「二用無爻位，周流行六虛。」即此意也。二用者，乾用九坤用六也。愚之淺見，不僅九六可遊可行，凡九六中所含之數（爻也）均可遊可行。一卦六爻中內含五位，即說明遊行之方法也。可稱群遊眾行矣。

詳解如次：數九乃先天一元之氣（煞）聚中而成三十六，成為周天之數，所以謂之氣數之道，九裏有三三，六裏有三二，乾為三三之天，坤為三二之地。乾由九與三變而成卦，坤由六與二變而成卦。九內含地之六，六含天之三，乃合而為九。說明九實乃天地之數，一切造化皆在此中。證明卦是爻與數之變。爻無數是死爻，非數不能活。九數中有奇偶，各個相感而見爻，聚中三十六而為天（即三十六宮也），此先天八卦也。六從九運，盡其六六之數，是行氣，即所謂六六宮中總是春也。

十四、卦象八口之家

文王序卦，以乾為父，以坤為母，乾坤以下為六子，乾率三子於東北，坤領三女於西南。子與女皆分長、中、少，形成一家團聚一起。但愚見此中稍有未合，乾坤本係二老定不可疑，但六子同居必須酌為改革。三男永久在家成為家屬。三女將來出嫁，即非家屬而成親屬矣。反而為人之家屬。所以八口之家三女應改為三媳，永隨三男為家屬。以符互感之意義焉。

依卦之相對和互感，很可能長女化為長媳，與長男相感。中女化為次媳，與中男相感。少女化為三媳與少男相感，如此老有夫婦，少有配偶，互感互愛，夫唱婦隨，上

下老幼歡聚一家，比之少男、中男、長男與長女、中女、少女同居方便得多。既無男女混雜之嫌，並顯然合乎人倫。各居其位，互相感通，生子生孫，代代孳生，而產生出其他諸卦。何止六十四耶？

此乃自然之造化也。以之內修，可以守坤成乾。以之外練，可以得柔制剛。主要是在一個感字。處世亦然，用八口之家情感，運於事務，自無不通。感情莫過於青年男女，萬靈莫過於陰陽，一觸即發，感而遂通，此即澤山之卦象也。

冬夏二至，乃陰極陽極，父母之象，十二時相並為六子，陽得時則男感女，女則應之。陰得時則女感男，男則應之。陰陽相交，情動可成春夏孳生育長。陰陽性發由生育而成果，事物亦然，感情融洽即是順遂，感情乖戾即逞兇兆。不必泥於古文以及繫辭，須知古人今人雖有先後之別，然法天法地則一定不可移。不過要參考古人之高見而啟發今人之慧根。所以古人說「易」，一部《易經》只在乾坤二字，無乾坤則無「易」。天道、地道、人道同歸一理。夫婦男女即「易」之門，信不誣矣。

爻有一陰一陽，卦有一內一外，乾實坤虛形於六爻，陰陰陽陽虛虛實實，反之正之，錯之綜之，顛顛倒倒感之動之。六爻六劃，上中下可分屬三才天地人。升降消長只用四季春夏秋冬。一爻三十分，陽六時一百八十分，陰六時一百八十分，共為周天三百六十度。此中又分八節二十四氣，演為七十二候。天文、地理、人事統在運中行。千言萬語述說不盡，天機奧妙出自河圖洛書。

術不離數，離數則無術。萬物有生死存亡，而數無止

境，無窮無盡誰能數得完？偈曰：一而十、十而百，百而千。千而萬，千千萬萬長長續。曾而祖，祖而父，父而子，子而孫，子子孫孫代代傳。

　　玩「易」要懂得先天八卦乃相對而互感。後天八卦則對沖，乾率三男於東北，坤率三女於西南，陰陽分列而用事。先天是說明體之性情，後天是說性情之運用，不明先天之性情，難得「易」之道，不曉後天之體現，難盡「易」之術。所以卦變不離宮，爻變不離卦。乾、坤、否、泰是天地之樞，錯綜往還終於坎離，此四正之行也。咸、恒、損、益是人道之樞，錯綜往還終於既濟與未濟。坎離者，天道之水火也，無坎離則乾坤成死物，既未者人道之水火也，無水火則男女不交，因此玩「易」者要在乾、坤、否、泰、坎、離六卦下工夫。次則要在咸、恒、損、益、既濟、未濟六卦下工夫。如是則先得天地性情，而後才能明男女之性情。陰陽交感乃天地之性情，奇偶交感乃人道之性情。細玩此十二卦，既能掌握「易」之樞紐，而明造化機宜矣。然後旁及其他各卦，推算人事，自然迎刃而解。人心天心本屬一心，正則爲天心，偏則爲人心。天心正，四時有序，陰晴有時。

　　人心偏，萬念俱生，紛紛憂憂，無寧無靜。人心正必須法天，天下太平。失正則背天，亂世出，此乃一定不移之真理也。有事之因，必有事之果，復何言哉。

十五、卦數變

　　玩「易」更要知數，數的由來，就是河圖洛書原來所現之數，它是以奇偶分陰陽，既樸素而純真，比用爻少繁

瑣。例如先天卦，乾一兌二離三震四巽五坎六艮七坤八已見乎數之作用矣。後天八卦即《周易》之九宮，亦未出乎數，都屬於河圖洛書之範疇。乾卦用九，坤卦用六，更說明基於數而用爻。四時二十四節，七十二候，更是行之以數。一天十二時，一月三十天，一年三百六十日，合周天三百六十度等等不一，哪個不是以數表明之耶。

數有奇偶有陰陽乃能變化，變化就是造化，何須假託以爻而玄之耶也。尤其是周公「繫辭」、孔子之「傳」更增其累，把天真的造化加以繁瑣，重在俗事。動則曰君子與小人，再則曰無咎，忽而天上，忽而地下，有時男男女女，有時憂憂戚戚，把人弄的頭昏腦漲，有失「易」之真理，滅絕「河圖」、「洛書」的本來面目。所以玩「易」者只要讀「易」之原義，而不必追求文王孔丘之詞。

周文、孔丘，不亦人乎？我們不亦人乎？他們能用他們的語言左右「易」之真理，難道我們不能各抒己見嗎？因此提出數術的改革，以返回「河圖」、「洛書」的本原來談「易」玩「易」。

以上這麼多話都是我自己在身中有所體驗而發出的。正合於「遠取諸物，近取諸身」的意義。

十六、數義我見

十天干，十二地支，此乃定數也。一切數字都蘊藏於內，即一二三四五六七八九來往於易中，一三五七九爲奇，陽也。二四六八十爲偶，陰也。各有各的性質，各有各的感情。一陽、二陰、三剛、四柔、五離、六合、七鬥、八謀、九強、十弱。又含五行五方，一水在北，二火

在南，三木在東，四金在西，五土居中。此天之氣數也。六七八九十隨一遞次相行，此地之氣數也。

　　亦即有陽五行陰五行也。一純而靜，二動而分，三奇必爭，四偶生怨，五聚六合，七強八弱，九得十失。點則爲斷，零則爲續。並有四個符號、助數之變化。加則長，減爲消，乘是大得，除是小有。奇加奇爲顯，偶加偶爲隱。陰裏有陽，陽裏有陰。偶裏入奇爲娶爲嫁。同數爲等，異數爲差。奇沖偶滲，陰在陽下爲順。陰在陽上爲逆。陽在陰上爲威，陽在陰下爲懼。奇奇相並必鬥，偶偶相並必爭。在身一二三爲首，四五六爲腹，七八九爲胯爲足。

　　應物象形各有其用，隨事求理各有其因。天時、地氣、人事統在乎數中。複綜錯雜，立現其形，所以說在數難逃，數盡則亡，其應如響，其靈如神。有術學之微，具演算法之積。由無到有，由小到大。小則可不見，大則於無量。千變萬化只在學者神而明之。

十七、談　圭

　　卦者乃是雙土外展而成八。觀其字相即可明瞭矣。圭在中如車軸，支出八輻而爲股。股內向四外支，即人身之骨也，先天之骨有髓，後天之骨藏精。八卦動盪各有其數，天髓爲眼，地精爲節（谷神）。即數之點與零（˙0）也。內外動盪四時八節演，即俗語所說之節骨眼焉。一句俗語已經洩露天地之機，而俗人不覺。以此化生，比如骨生肉，肉包骨而成體，骨髓生神，精肉化氣，生生不已，此即是六十四變化生育之道也。

　　無陰陽之爻，不能有卦。沒骨肉之結構，何能成體？

骨有幹，肉有皮，即先後天之八卦也。先天八數相向而成乾體，後天八卦飛布而成坤皮。

　　數之周流以行血，卦之時變而運氣，骨幹支架於內，氣血運行於外。血化精氣，氣化神，聚精斂神乃生人生萬物。動植飛潛均莫逃乎數，皆係由骨而成形，植物之幹即動物之骨，其枝葉即動物之肉。根氣精花（化）一如人生，否則葉枯而焦，花謝根朽，一如人之死，名雖各異，造化則一。所以說玩「易」演卦，不可不知也。

十八、選肉（選卦）

　　上篇把「易」比之骨肉，演卦則分內外叫選肉，骨者八純卦也，肉者隨純卦而錯綜之卦也。如欲深明「易」理，必須先由純卦始，然後才能繼之以六十四卦。否則骨之不立，肉將安附？但肉可選，骨則不可疑，因何而言？即扼其要去其繁也，卦本自然造化，陰陽氣數本於天真，繁則涉於造作矣。

　　《易經》本係純潔樸素之哲學，歷經往古，時過千萬年，後人附會，妄自點綴入於詭辯，不唯失真，反而迷信。本係天文地理之法，而竟牽入政治人事，招人輕視爲算卦之用耳。始終未能發揮實用，是「易」之不幸歟？還是人之不求也耶？值此電子時代，何妨一試乎。

　　「易」之不幸，實肇於歷代腐儒，他們借此自炫，作爲出仕的敲門磚。若悟易之真諦，可使周、孔之辭相形而見拙矣，並可啓發科學之端耶。讀「易」玩「易」要著重於自然規律而明造化之真。摒除人事之煩擾，擇出主要十八卦而鑽研，以期「易」近於哲學、科學。如遇明達之

士，有所發明，有所創造，對國家對世界對人類作出偉大
貢獻。擇出八純卦爲乾、坎、艮、震、巽、離、坤、兌。
其餘錯綜爲十卦：否、泰、剝、復、咸、恒、損、益、既
濟、未濟，以待知者。

十九、分析迷信說

「易」中往往托於鬼神，凡有應驗的象，不究真理而
歸功於鬼神，好的卦說神的保佑或啓示，壞的卦說鬼的作
祟和驅使，製造吉凶禍福作根據蠱惑人心，叫人迷信，爲
害非淺。

究其實，「易」中哪裏有神，何處有鬼？不過都是陰
陽變化而已。陽是光明正大，在自然範圍裏，有明鮮的作
用。其應如神，即所謂陽神是也。陰是昏暗渺冥，在自然
範圍裏有隱秘的作用。其應很靈，即所謂陰鬼是也。全係
自然所起的變化，似出於科學，它只能說明利害的關係，
非關於吉凶禍福也。因此，要懂得欲求科學，可以用
「易」，欲問吉凶不可用「易」。

禍福吉凶都是因果關係，有惡因必有惡果，有善因必
有福來。人不自作，絕無其事。禍福吉凶，本由自招，又
何必問卜耶？絕非鬼使神差之說也。

至於數的變化，因其性按河圖洛書而推演，則有如近
代之電磁、雷達、聲光的作用，亦即其散聚離合之作用
也，試問雷達控制飛機、電腦的示數，不都是替代人的體
力腦力嗎？這不是事實的證明嗎？造化逃不出大自然，變
化逃不出數位，失數位則無自然，失去自然則數盡。數盡
則亡，吉凶禍福即在此中矣。

二十、卦　圖

1. 伏羲八卦方位（圖1-3）
2. 文王八卦方位（圖1-4）
3. 六十四卦方位（圖1-5）

二十一、重申「易」理

以陰陽法天、法地、法自然，自然又不外乎乾坤坎離。但是並不是把《易經》全篇都用上，更不必推演八八六十四卦。究其「易」，除「連山」（山者三也）、「歸藏」以外，並無其他各卦。《周易》者乃後來文王所作也。「連三」者，即一爻之連三也。也就是一陰一陽之連三，修道者知此即知變化，本足夠用了，何必找什麼爐鼎，什麼藥物，什麼丹等等以自迷，我今揭開這個謎。

河圖洛書本來就是幾個數，爻乃數之象，構成乾、坎、艮、震、巽、離、坤、兌八個象。修道者主要是懂得乾、坤、坎、離四象本身的變化，亦即爻的安排。詳言之，如古人云：「一陰一陽之謂道。」又云：「先天地生。」說明道是很簡樸的，並沒有那些複雜的說法，陽爻的顯像是▬，陰爻的顯像是▬▬，三陽爻成乾卦☰，三陰爻成坤卦☷，此即所謂之「連三」也。

由此而變化，乾可入於坤，坤中空而填實。坤斷則乾去，乃實中反虛也，由坤☷化離☲。由乾☰化坎☵，乃乾得坤中之虛，坤得乾中之實，陰陽交感。上下爻變謂之歸，中爻變謂之「藏」，叫做歸藏。此「連三」、「歸藏」之由來也。

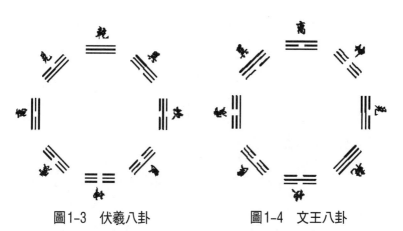

圖1-3　伏羲八卦　　　　圖1-4　文王八卦

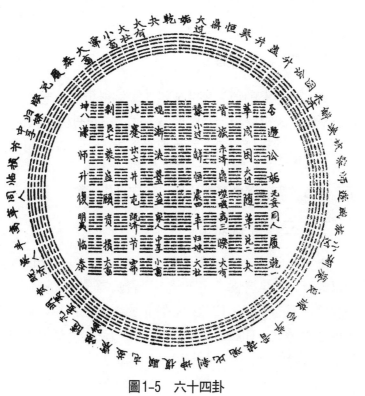

圖1-5　六十四卦

離得坤中之真陰，是血叫「赤朱」，生二八之數，主
於吞。坎得乾中之真陽，是精叫「黑鉛」，生三七之數，
主於吐。陰中陽，陽中陰，乾坤相戀而成「泰」，坎離相
交而成「濟」。由人道而法天道，由人道而回天道謂之
「仙」。觀其象，乾坤相合。坎離則相抱，虛而盈，盈而
虛。顛顛倒倒造化生焉。總結出口訣如下：

乾坤坎離，內外相抱。相吸相引，一抽一添。

氣要聚，神要凝，魂要安，魄要定，一九三七現奇
功，九轉生風，千拈通氣，萬捻長力（轉、拈、捻）。天
有五行而運，地有四方而行。人有五穀而生，三才有性，
各有所能。三而化一，道乃成功。

二十二、修道須知

簡則妙，繁則煩。妙能成道，煩則亂道。寧愚勿智，
知而不知，成後反樸，乃能得道。武當山曾有楹聯云：

「求玄妙訣無多語，識破原來笑煞人」。即此謂也。
又云：「弄巧反成拙，大智定若愚。」以下乃守字的要
領，修真容易，養性最難，所以有守身如玉篇。

二十三、守身如玉

修真容易，養性最難。性起妄念生。守身者，即保身
體以成至人也。守法不可不知，守腎斂神，邪火不生。守
心收氣，妄念不來，如此則心腎相交，乃生合和之氣，然
後再守腹聚氣，如玉之無疵，清清白白得真一之道，可以
長生，其訣如下。

避色不淫以守腎，遠俗少事以守心；
舒暢和合以聚氣，腎不搖動心不妄。

不淫不動慾，遠俗去煩惱。舒暢則腹寬，氣能鼓蕩，身自輕鬆，輕鬆則不滯，人能如此，乃得天真之樂焉。數術不可不知。

天有四時用其三，地有四方用其三。
人有四面用其三，天三地三人亦三。
三三見九成乾體，同天同地太乙仙。
寬衣長員乾坤劍，艮童兌女隨後前。

二十四、金鉤鐵鏟

星辰鉤直指四象，成四時寒暑達化，月日鏟橫掃兩儀，分晝夜陰陽通神。

1.悟　道
今生識得我前生，十世輪迴轉又生。
富貴貧賤都享盡，全是黃粱一夢中。

2.功　法
今生來生生生不已，晝晝夜夜晝夜不停。
天地合德日月同明，十二時中靜定而行。（大覺）
我今明悟成大道，歸本還原紫霄宮。
神與天地陰陽化，乾坤宇宙而我同。
掌握造化隨意動，長生不老能返童。

容顏能隨萬花轉，脫胎換骨妙無窮。

3. 八字歸根找原神（此法失傳）

二十五、三段靜功

（1）坐下；（2）正心；（3）落沉。

首先坐下，而後正其心，自然下降矣。下落是由頭到腳，天之真精三六九，地之真精二五八，人之真精一四七。行之於內，取法於外。攝而引之，戲而吸之，此之謂盜道，乃盜天地之靈也。開頭頭是道，散發（法）法是法，由五中而達於四肢。

二十六、胎之原

人在天地之間，如在母胎之中，服母之氣，吃母之血，吸母之精。服氣像天，吃血像地，吸精像人。天地若謂無形還有形，若謂有象有還無。猶游三才之內，蓋亦神矣。三胎如下：

天宮是天母之胎，地宮是地母之胎，人宮是生母之胎。三宮三母藏三胎，回天再造，回地再造，回人再造，三日三母回三胎，化成赤嬰。

二十七、陰陽考證

天之陽，甲丙戊庚壬。天之陰，乙丁己辛癸。地之陽，子寅辰午申戌，地之陰，丑卯巳未酉亥。人之陽，一三五七九，人之陰，二四六八十。天之五陽五陰合而為天干。地之六陽六陰合而為地支。人之五陽五陰合為奇偶十

個數。此所謂三才天干地支氣數是也。

古詩有云：王子去求仙，丹成上九天。洞中才三日，世上幾千年。身由何處來，還由何處求，子宮能生胎，胎還入子宮，用之於神氣，調調合合。用之於身心，恩恩害害（陰符曰：害生恩）。俗人恩變害。所以老子說：「下士聞道則大笑，不笑不謂之道。」即此意也。

二十八、八覺四感

八卦分陰陽坎離震兌坤艮巽乾，各有靈性謂之八覺。兩位相對則有所感，此之謂天之所感也。數字分正奇，一九三七二八四六各自有性。奇偶相對則有所感。此之謂地之所感也。肢體分部位。精神氣力，皮毛血肉，兩者相合各有所感，此乃人之四感也。感而通。通而靈，靈而動，是為內修外煉之源也。

一陰一陽之謂道，三陰三陽謂之卦。卦之初爻動，二爻變，三爻化。下而上謂之順行，上而下謂之逆行，即先有所覺，次則以覺而生感，再則因感而有動，動則化，因此生生化化，遂有六十四卦焉。

二十九、栽樹結桃

五氣相襲謂之栽樹，五一種桃仁，一七生桃樹，五九放桃葉，九三開桃花，五行相生謂之結桃。春日桃花笑，夏日花蕊鮮，秋日仙桃熟，冬日桃仁藏。五氣相襲栽桃樹，五行相生結仙桃，仙桃是我，我吃仙桃。

三十、製器造具

器屬陰，具屬陽，出自數字之奇偶。天有五個陽數，一三五七九，可以造具，（象）為兌上缺也。地有五個陰數，二四六八十，可以製器，（象）為巽下斷也。天地五陰五陽，共為十個數，形成器可以生萬物，人在萬物中，離中虛，坎中滿也。具像日，器像月。日月合如回文，一三五七九，五居中化圓。二四六八十，六居中化方。兩者有口有孔，而成器具。藏造化寓生機不可不知。易之變化，有陰陽方圓，顯現於器具，說明道之奧妙，是無窮無盡的。道者也，上至天文，下至地理（利），中則人事（風）。修道法天則地，有法有象，有數有理。非一知半解者所可能也。一言一行都在道中。縱使博學多識，往往昧於俗語，所以說名人非道境，山野出神仙，大道無倫常，倫常縛大道。

天地有陰陽，人間生器具（日用品）。器者地之象也，其形凹，其性承。具者天之象也。其形凸，其性施。陽剛陰柔乃器具之變，剛折柔韌，不可不知。老子守雌不雄。即守器而避具也。具在器中，上合於天，下合於地，中合於人，為道之本。具長而圓，器豎而方。豎緊方張，一呼一吸。乃人在胎中，謂之胎息。明乎器具，能用器具，造萬物成萬務，均在此中矣。用之當則長生，不當則戕生，慎之慎之。

此理出於易，古今學道者，每多泥於倫常，不肯深究，不僅失造化之真，而易亦毀矣。

三十一、道法歸眞

> 誰是我來我是誰，天地交泰始歸眞。
>
> 斂欲開頭成四肢，虛空粉碎見全身。

三十二、合和仙

天合是天干之合，地合是地支之合，人合乃數合。運天干地支合於一周，謂之一甲子。求道修眞之人，只記甲子不計年（道不言壽也）。

三十三、斷　慾

慾有兩種，而凡人往往不能擺脫，它能生人，也能害人，就是食慾和色慾。饑則思食、性發想色，所以孔子說食色者性也（性即慾）。大修行家不僅斷色慾，而且要避穀斷食性之慾。斷要有法，非憑空之斷也。

法曰：斷色還用色，斷食還用食。所用之色和所用之食乃化成十也，要詳參修煉，萬勿誤解。是用陽補陽，而食母氣也。補陽食母乃天地自然大法，非師傳不可得，但能悟而得者，尤爲上乘。

三十四、生死關

目者數目也，連生者即一生二、二生三、三生四、四生五、五生六、六生七、七生八、八生九、九生十、十不用而用九（俗說傳聞竟說目連生救母）。救母者是生母氣也，生母氣必須九數連環也（九連環），放出陰氣而養陽（俗說打開地獄，放出陰鬼）。存陽氣於丹田，謂之母

氣。說明存陽則生，存陰即鬼。鬼者，人死謂之鬼。因此叫做生死關，能過此關者即仙人也。

三十五、神光照鏡

你就是我，我就是你，你心我心，心心相照；我以身動，你以體隨，動動應應，應應動動。我退你退，你進我進。一進一退，妙在鏡中。本身神也，鏡者光也。身對即神光自照也。神陽鏡陰，以陽交陰，以虛迎實，陰陽合和之謂道。

三十六、混沌化乾坤

八卦混沌成爲一囤（困）。乾爲天輪，坤爲地軸，則天地立矣。兌艮震巽爲四經，一經九十度。四九三百六十度。坎離相映而成赤道，乃日月也。依赤道而分南緯一百八十度，北緯一百八十度，亦符三百六十度，復歸一困逐成通天矣。乾上有四辰，坤上有三星，同日月而成四光化北斗。四光在外，永照不移，渾圓周天在內，隨十二時長轉不息。上六爲晝，下六爲夜。東三、南三、西三、北三，十二月而成四時春夏秋冬。晝夜隱天子（六子），四季藏地王（四王）。

修真之人，頭頂乾，足踏坤，合於輪軸，輪軸乃兩極（南極北極）。極致必變，道乃生焉。按時行觀三看六之大法，在四光照耀下而運行。面陽則純陽，背陰則純陰。面左是陰中陽，半陰半陽。面右是陽中陰，半陽半陰。天地是人，人即如天地。須臾不離，時時行之，大道乃成。

三十七、陰陽氣數生宇宙

二四六八偶數屬陰，在內成質爲宇宙。一三七九奇數屬陽，在外成氣光，而爲日月星辰。晝夜三七之位居九一，四時一九之位居三七，豎右轉爲晝夜。日月左右相映橫照而同明。橫上爲四時，星辰上下相望，直照而分明。晝夜循十二時顯明晦隱。晦隱明顯，四季守三百六十度，寒來暑往，暑往寒來，時時不息，度度相連，此乃陰陽數術之道。修真之人，必須明此與混沌化乾坤，兼而求之，自能德得矣。

三十八、修道五時七候及功法

1. 五　時

（1）動多靜少。

（2）動靜相半。

（3）靜多動少。

（4）無事則靜，遇事仍動。

（5）心與道合，觸而不動，心至此地，始得安樂，罪垢滅盡，無復煩惱。

2. 七　候

（1）舉動順時，容色和悅。

（2）宿疾普消，身心清爽。

（3）填補夭傷，還原復命。

（4）延年千歲，名曰仙人。

（5）煉形爲氣，名曰真人。

（6）煉氣成神，名曰神人。

（7）煉神合道，名曰至人。

3. 十大功法

（1）心功：冥心兀坐，息思欲，絕情慾，保守真元。

（2）身功：盤膝屈股，足跟緊抵命門，以固精氣（站行亦可）。

（3）首功：兩手緊掩耳門，疊指背彈耳根骨，以卻風池邪氣。

（4）面功：兩手擦面，待其熱，更用唾沫遍擦之，以治外侵。

（5）耳功：兩手按耳輪，一上一下摩擦之，以清其火。

（6）目功：緊合雙睫，睛珠內轉，左右互行，以明神室。

（7）口功：大張其口，以舌攪口，用手鳴天鼓，以治其熱。

（8）舌功：舌舐上腭，津液自生，鼓漱咽之，以調其內。

（9）齒功：叩齒三十六，閉緊齒關，可集元神。

（10）鼻功：兩手大指擦熱，揩鼻左右三十六，以鎮其中。

行此功者，必要斂神聚氣，調息吐納，使陰陽交感，混然成為太極之象，然後再行各處功夫。此係調和陰陽，交會神氣，先求內臟清虛也。能清虛則功成，否則雖行功而無效也。慎之，慎之！

內行功屬柔，外練拳屬剛。拳屬動，功屬靜，剛柔相濟，動靜互用，相輔相成，方能致用，即所謂文武雙修

也。知文不知武，有靜而無動，知武不知文，有動而無靜，均非所宜。以下爲行功歌。

歌曰：兩氣未分時，渾然一無極，陰陽位既定，始有太極出。人身要虛靈，行功主呼吸。呵、噓、呼、呬、吹加嘻。數成六字訣，六字意如何？治臟不二義，治肝宜用噓，噓時睜其目。治肺宜用呬，呬時雙手托。心呵頂上乂。腎吹抱膝骨。脾病一再呼，呼時把口噏，仰臥時時嘻，三焦熱退鬱。持此行內功，陰陽調胎息。大道在正心，誠意常自樂。此即長生藥，不可等閒視。主要妙訣就是內煉其神，外聚其氣，打坐時時吹，長臥不斷嘻。謂之玄玄妙。

三十九、十大數訣

五行乃五帝。四方乃四相。八卦爲八俊。九宮爲九卿。天干乃十大將也。地支乃十二元臣也。二十四節爲節度使。七十二候是諸侯。上合天心，下同地利，中間正人事，修道與王天下，均不外乎此。

四十、法天則地

春秋同茂盛，多夏永長青，四季總向南，天地時時春。日月相並出，星辰會子午，四光齊朗耀，明明照太古。此乃扭轉乾坤之大法也。

四十一、說玄關

玄關者氣穴也，氣穴者神入氣中也。如在深穴之中，氣神相戀，始能立玄關之體，非指定之玄關也，要於空中求。

四十二、寧神調息

寧者凝也，凝神調息者，必須心平氣和。心平則神凝，氣和息乃調。心平的平字最妙，心不起波謂之平，心執其中謂之平，平即在此中矣。心在此中乃不起波，此中即玄關，乃丹經之一竅也。早竅要開四季之花，晚功要結二儀之果。午功運天之行（謂之乾旋）。歌曰：

「本無極之化身，包藏八卦有真因。清通一氣精氣神，日月運行不息，陰陽甲乙庚辛，生化妙用大地回春。掃除六賊三屍，退避清真，開天河之一道，化玉泉之新生。圓明有象，淨徹無痕。養靈光於在頂，出慧照於三清。不染邪祟之害，不受污穢之侵。水火既濟，妙合天地人。學道要懂守護五方神。四時八節能治宰，養我魄，護我魂，通我氣血，育化我神。太極妙法委脫，日月普照來臨。能觀世之因，能結道之侶。」

四十三、修道斬三彭說

彭者膨也，人身中有三種東西時時在膨脹，使人失常而壞事。雖然作惡時別人不知，但能使內心不安。以致敗德傷神，是修真求道的大障礙，不把它去掉則心不定神不安，氣散，魂離，魄動，紛紛擾擾，欲靜不能。無道者求道難入，有道者因此失道。所以大修行家首先要除淨這三種有害的東西。

什麼叫三彭？一曰倨，二曰質，三曰矯。詳言之，意私則倨，心私則質，念私則矯，時時膨脹，故又以彭字為姓，稱其三者為三彭。即道家所說的三彭，又叫「三屍

蟲」。倨是傲慢，居於玉枕。質是自是，居於夾脊。矯者
驕，居於背胛和尾閭。

倨若膨脹，則目空一切，藐視一切，一無信仰，什麼
都看不上，更不願學習。質若膨脹，則主觀自是，不求真
理，不問因果，爲所欲爲。矯要膨脹，則矯揉造作，脫離
常規而失常，無惡不作，好事一無所成。容易走上歧途，
殺身傷命。

道人不說以上事實，詭稱「三屍蟲」。庚申日上天報
告人的善惡，必須去此三屍，乃能成道。這是妄談，不是
實學。因此，我以科學的精神宣洩其秘，以利後學。並闡
明除彭的功法。（1）擊額去惱。（2）擊心定神。（3）
擊腰聚氣。這是修煉養生的現實方法，又何疑焉。

可笑，笑把膨脹的膨說成姓彭的彭，把三種壞思想比
作蟲，又給它起了名，一叫彭倨，二叫彭質，三叫彭矯。
把它作祟說是上天報告，吾未敢信之也。

附錄修行格言：修行者內修心身，外修行爲也。心身
不正，能致疾病。行爲不檢，易招禍殃。修行之法是以柔
克剛，如老子之守雌，不用交感之精。如黃帝之雌節，不
逞血氣之勇，以免虎豹之劫。

虎是疾病，豹是禍殃，如此則內修得道，外修得德。
德者得也，以道載德，以德護道。內魔不生，外魔遠逃。
否則，顧此失彼，失於鞭羊（莊子比喻牧羊不鞭其後）。
內修得道以定性，外修得德以保命。只內不外，只外不
內，均非所宜。

有道無德是失外，有德無道是失內。失內忘道，失外
敗德。忘道亂性，敗德喪命。可不畏哉？可不戒哉？道之

將成，內魔稍減，外魔更增。所以要在行為上多加注意。如意外之色，莫須有之事，往往突然襲來，尤為厲害。必須靜以待之，忍而處之，魔去災消矣。

四十四、武當修真圖與無極圖初探

1. 無極圖（圖1-6）

先談無極圖。無極圖，陳摶是由下向上逆用，分為五個階段。一講玄牝之門。二講煉精化氣、練氣化神。三講五氣朝元。四講陰陽交媾、煉成聖胎。五講煉神還虛，復歸無極。

這是未生之前之自然造化也。又周敦頤由上往下順降，也分五個階段。一講無極而太極。二講陽動陰靜。三講五行各一性。四講乾道成男、坤道成女。五講萬物化生。此乃生後之造化也。法象為「帝」字。以上兩者一正一反，說明化生之理，而盜天之機焉。

這是拆天拆地拆人體的大功夫。與人的周身骨骼（精）經脈相吻合，即莊子所說：內外本末，巨細精粗，兼骸畢貫，周身大用之法也。陽為外，陰為內，體講巨細，背論精粗，意在呼吸中，自然而然地才能得法。對於法象「帝」字，要勿必勿著，有意無意，萬不可泥象而執著，否則徒觀其象，一無所得矣。以上就是河圖在上，洛書在中，八卦在下，構成人體圖。

太極先天之圖

↑

逆讀人

煉神還虛　　無極而太極
復歸太極

取坎填離　　陽動陰靜

火　　　水
　　土
木　　　金
五氣朝元　　五行各一性

煉精化氣　　乾道成男
煉氣化神　　坤道成女

玄牝之門　　化生萬物

太極圖　順讀

圖1-6　無極圖

2. 帝字法象（圖1-7）

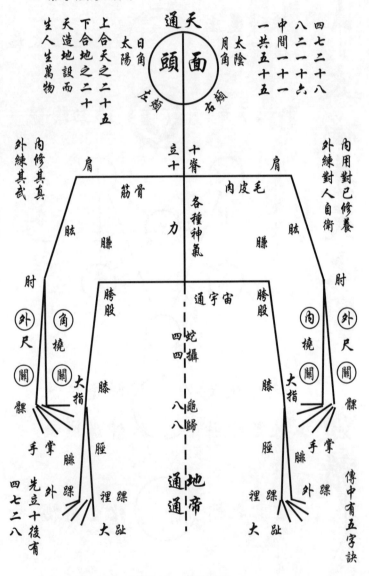

圖1-7　帝字法象

3. 修真圖（圖1–8）

圖1-8　修眞圖

第二章　修真十要

修真圖是一份完整、真實的資料。它以先天後天之學闡述了修真的玄妙。一切修道之經典皆未脫離其範疇。如《參同契》、《悟真篇》、《性命圭旨》等等，全是由此而出，尤以《黃庭經》最為明顯。用現在的話來說，可稱它是修道的一整套理論工具。

但是如上所說的經典，終究是末，而不是本。今之修道者往往迷於末而失其本，盲從瞎練，恩害不明，以致結果不好，輕則殘廢，重則亡身，即使沒有以上之危，也不過是枯坐終生，丹未煉成，道也未得。

我家代代望道，相沿修煉，略有體會，雖屬點滴經驗，但也起著釋疑的作用，供於同道參考。管見所及，恐有未當，尚祈教正是幸。

一、修真圖

每個人拿起修真圖，往往在神秘和奇異上著想，眼花繚亂，不知所從，並且一看就要用，這是錯誤的。因此，首先要知圖上的安排，如果你冷靜地細心審查，就能找到好多的東西。例如，首先所發現的是把乾（☰）安在頭上，把坤（☷）放在腳下，中間有坎（☵）離（☲），有日月，有明晦，有往來。此先天之學也，出自《易經》。然後遠取諸物，有龍虎，有雉龜，有牛羊鹿之車，此乃後天之學也。

明乎此，就須看《易經》，研究《易經》一步一步地

找，一層一層地認，一步一步地煉（煉時要用內觀），煉
好一步再煉二步，越找越明白，越煉越清楚。最後僅僅剩
下肢體（俗殼）露出本來面目，你不求而自現矣。

　　舉例來說，當你看出乾坤坎離時，你就追求易理；當
你看出明晦時，你就研究日月和晝夜；當你看出往來時，
你就明白四季春夏秋冬；當你看到三田三關時，你就知道
牛羊鹿的河車；通任督，一連串就瞭解到大小周天；當你
看到虎龍龜雉時，你就知陰陽氣的變化。認識一次要立即
解決一次。該丟的丟，該止的止，這樣就能消除你內心詭
秘和奇異的想法，才能得真道。

二、內　觀

　　修真圖放在面前，終歸它是身外之物，怎樣移植到內
心，必須用內觀。如何內觀？就要凝神聚氣，向裏反觀
（又名內視法）。修道之人都懂得功夫煉到能觀一切景象
自現（內觀自得），所以說是自得。觀音菩薩是觀其因，
得其果，故有黃庭內景經一作也。

三、不泥於詭秘之術語

　　天地有東南西北之方向，人有上下左右前後之定位，天
地有空間，人有關節和軀殼，各有各的部位，各有各的稱
謂，頭就是頭，腳就是腳，耳目口鼻就是耳目口鼻，不必加
上詭秘的術語，混淆視聽，擾亂心神。若此則魔生，故只記
其一就足夠應用。

　　我的體驗是最好不用這些術語，求諸本身部位的名稱，
既實用又不分神走心，順利地進修矣。

四、先求本後求末

求本，就是找原來。武當山有幅楹聯便道出玄機：「修真妙法無多語，識破原來笑煞人」。

何為原來呢？陰陽一氣是原來！此乃自然之本也。人身有血肉筋骨精氣神，此乃生身之本也。老子之道，是由無到有，由有到無，有無相生，此乃原來之原來也。丹經是動靜互用，火候升降，此乃生丹之原來也。

總的來說，要先法天、法地、法自然，然後遠取諸物，近取諸身，即此意也。

五、修養之法

修真求道，需緩緩修，徐徐養，求急不得，要漸進如煙之冉冉而升，養則有若無，不可過於執著。李耳名聃，顧名思義，道在其中矣。守雌不雄，就是緩而漸，不急不著而漸進也。

六、要排除專於煉丹和迷於各種經典

無論任何丹經和一切經典都是取法於自然，法天則地，全是取法於《易》，因為《易》有爻有象。例如，一陰（--）。一陽（—）可由無到有，《養生篇》云：「有無相生，難易相成，長短相形，高下相傾，音聲相合，前後相隨。」即此之謂也（《老子‧二章》）。

七、去繁就簡

繁則煩，煩則亂，容易失其真。簡則純，純則正，正

能去僞。道家謂之「返樸」，樸則實，不自欺亦不欺人。鬼頭鬼腦是小人，焉能成道也哉。正大光明是聖人，「不修自真」此之謂也。

八、遇眞師不可錯

求道難，得名師指點更難。神仙度人，往往於塵俗中，化形隱名而傳道，或佯狂瘋癲而暗示，一言一行，使人不醒，致俗人聞道大笑而已，及醒而明白後，再尋仙人已轉眼而不見矣。此乃無緣失機也。故修煉之士，千萬注意，否則追悔莫及。

九、走正宗而不爲旁門所惑

道，是正道，術爲旁門。道者，是由人道求仙道；術者，是效法百靈求人道。既有人身，何必再返而學百靈，這是放棄了自己的人身而退化爲百靈，豈不可惜？豈不可悲？但是術者以顯靈而易爲俗人所信仰。道者是虔修而自得，往往使人唾棄。

道是法天則地，不是煉氣。氣須調，不需煉，煉則害生，害生則毀道。什麼叫害？舉例如次：

如煉丹之用水火，用之不當則害生。本來水火不相容，硬要用它交媾，害輕則雙瞎；害重則疾廢亡身。修者不信，請在體驗中嘗試嘗試。

十、愼防邪侵

道者，要有規律地控制自己。煉氣，是局部發氣，即發就難以控制，稍一不慎，氣則亂串，衝脈沖血，身上的

功能，容易紊亂，無法控制。輕則令人四肢發抖，搖頭擺尾，時笑時哭，摧毀物品，裝神弄鬼；重則持刀械鬥，釀成禍事，變成狂癲之輩。因此要隱而修道，不要用修真圖在塵凡中說法，以防邪侵。慎之慎之，誠之誠之！

綜上所述，修真圖是由先天之學到後天之學，由後天之學轉到先天之學。偏重於後天忽視了先天，本來道生於先天，丹成於後天。道由修而得，丹由煉而成。修必須循天之機，練必須尋時間之機。空間是有無相生，由無到有。時間是動靜互用，靜中有動，兩者先後有序，絲毫不可紊亂。下手功夫是煉，歸終功夫是修。煉是補，修是求；煉則成，修則得，都是基於自然。法天則地而生造化，若言既濟交媾，則去道遠矣。

第三章 釋 真

一、求眞一

修道，主要是求真一。但是，每多知者，而少得者，其原因是不得其法耶。

規矩者，方圓之極則也；天地者，規矩之運行也；道者，知有規矩而不知乾旋坤轉之義也。天地縛人以法，人則役法於蒙，雖能法天則地，然而，終難得其理。所以，是有斯法而不能了斯法，反爲法所障，以致真一不明。真一明，則障不在，而道可從心，障自遠矣。

道者，未嘗不用法，無法則與世無痕，障無則道生，障從則道退，而後參乾旋坤轉之義，則真一自得矣。

真一如何養？必須遠塵，人受物蔽，必與塵交，人爲物使，則心必勞，心勞刻畫而自毀。雖然損之又損，終究難快其心。如果不隨物蔽，不隨塵交，則心不勞，心不勞則進道矣。

道，乃人人之所有。真一，則人人所未有。貴乎思，思則真一生；真一生，則心安理得，得德成道矣。

此法精微，古今莫測，不得其門。欲入此門，必須脫俗。愚人與俗同途，愚不昧，則智生。俗不泥，則心清。故至人不能不達，不能不明，達能變，明必知化。受事無形，治形無跡，則心淡若無，到此境界，愚去智生。俗除清至，真一乃真，道德方興，凡聖立分，其仙人乎。

法關釋道，有作法天則地，無爲清心超脫，是佛典是

道經，望智者深思焉。

二、說眞知

何爲真知？即不知之知也。對於一切事物我本不知，但偶然自知，既不是所學而知，也不是讀書所知，然而與所學與書本上相吻合，這才是真知，此乃先天之知。至於學而知之，乃後天之學也。人以未學爲失，我以未學爲得。失之於俗學，不可惜；失於真知，則可悲。所以我認爲由不知而得者，乃悟性高，覺性速也。

人以淺入深，而我以神秘合俗，以求不神之神，只有大文學家，大修行家，方知我言之不謬也。

三、眞假富貴

俗人爭名奪利，爲的是富與貴。豈不知這是身外的假富貴。真富貴是成仙得道者身內的富貴。假富貴耗盡心血，終歸死亡，還有什麼富貴可言？所以叫假富貴；真富貴是延年益壽，永久享受，所以叫真富貴。

真富貴有家有室，有玉宇瓊樓，每天早吃王母桃，晚飲玄女酒，乘龍朝天，禦風通幽，不惹俗人少煩惱，去陰就陽，不欠閻王的債，懷抱日月，手握乾坤，壽與天齊。若問這個真富貴怎樣求？要在字裏求。富字中有一口一田可以呼吸，貴字一中之下有寶貝，詳參這兩個字即可得真富貴矣。

四、一陰一陽之謂道（功法失傳）

求道之人，都明曉一陰一陽之謂道。然往往多有失本

而求末，離道越趨越遠者，貽誤終生，良可惜哉。

　　今特明而言之，以供求者前進之路。須知陰陽定位乃有天地，詳參《易經》，三陽爻爲乾，爲天。三陰爻爲坤，爲地。人得天上三陽中之一陽，得地上三陰中之一陰，而成人。即所謂立天之道，立地之道，立人之道之三道也。亦即三才之道也。

　　大凡人即於今生得有人身，是已得人道矣，就可以直接向天地求道。因此，修者必須法天則地，仿天地之動盪，知天地之情形；遠取諸物，近取於身；以陰陽剛柔爲準則，取法於自然，以求原來之本，說明一陰一陽是道。人身所得之一陰一陽正與自然一陰一陽相同。但是，既得之於天地，求道就是將一陰一陽還於天地。此中必須人能顛倒以合天地和合之氣。而與天地同體，乃能得先天之道（天仙）。

　　老子之道是首先致柔，謂之守雌不雄，而後在有無中相生得德之道。一切都出於自然，並非造作，造作的經典，縱使高於老子（未必高於老子），終究出自於後人之手，只能害道，不足取焉。

　　我認爲修真求道，要法自然，千萬不要涉及其他。否則害己誤人。望智者參考是幸。

　　彌勒古佛有兩句偈語，足可揭開此中之謎：「天地同其量，日月同其明。」此乃包容天地之大法也。

五、仙人辟穀

　　六十四卦中有頤卦就說明這一問題，用咸恒二卦以感之，法天地之恒。

頤本靈龜虛腹待食。必須用益卦以養之，用損卦以泄之。乃得中浮合和之氣而自食，此之謂靈龜食風也。道家辟穀本於此。頤之錯則成大過，顯出口食群羊（羊，陽也）之象。以實填虛，自然之理。亞字乃頤卦之象，陰待食，十乃大過之象，填入亞內，以實其腹，看字象形，焉有不飽。震卦初爻陽在下，艮卦六陽在上，震艮相合則兩陽在上下兩頭，互交一體則成頤卦。頤中四陰虛而空，必須填之十（四陽）亞中十則自飽矣。天口吞食之自然之妙，並非奇怪之法也。

如亞字圖（圖3-1）：先天之學，仙人辟穀。古仙所

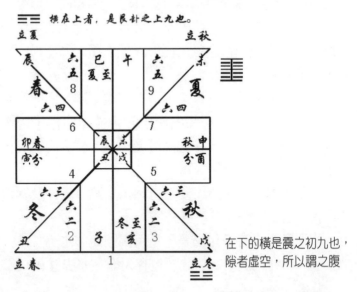

山雷頤卦：一橫與一橫之間是卦之隙，六五變而為風，六二變而為澤，得出中孚六三、六四合和之氣，中間十字是腹虛也，一豎立於四明之隙。

圖3-1　亞字圖

傳，現已失傳。

六、超凡（神仙脫衣）乘字圖（圖3-2）

修真者，必要求道。得道後，定要脫俗，所以有神仙脫衣的功法（又名金蟬脫殼）。衣有前後，有左有右。前縫後篤，左右為襞。要一氣把它脫掉，蛻化如蟬之脫殼，故名之曰金蟬脫殼。歌曰：

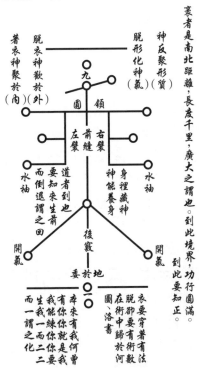

法象　脫胎換骨超凡

裒者是南北距離，長度千里，廣大之謂也。到此境界，功行圓滿。到此要知正。

圖3-2　乘字圖

左七右三衣之披，前三後一是縫篤，
行袞退襲並開縫，緣督過領身即出。

七、二六大法

《參同契》曰：「二用無爻位，周流行六虛。」二用
者乃乾用九，坤用六也。須知不僅九六可遊可行，即凡九
六中所含之數，都可以遊，可以行。一卦中六畫五位，就
說明遊行之方，並顯出群遊眾行之數，九乃一元先天之
數，聚中為三十六演成周天之數。所以謂之氣數，九裏有
三三，六裏有三二，乾為三三之天，坤為三二之地。乾由
九三變而成卦；坤由六二變而成卦。九含地之六，六含天
之三，仍合而為九，說明九之為數字，實為天地之數，一
切造化，全在此中矣。

更證明卦本無爻，只有數變而已，以己身為體，以變
為用，當行則行，應止則止。行其所當，止得其所，此即
卦序中所說一物有一身，一身自有一乾坤也。

行者有三，止者有十，重在「感、應、欣、悅」四
字。此中有心理學，有哲學，有科學。

九由奇偶各數而見，聚中三十六而為天，即三十六宮
也，它是先天八卦。

六從九運，盡其六六之數。以氣行，所謂六六宮中總
是春也。此即乾坤各有三十六，能演變七十二候焉。此中
附有吃八珍，飲玄酒兩個功法。

1.服食八珍

一九服十，二八服十，三七服十，四六服十，五五全
十（十即食），若此飽矣。

2. 飲玄壺酒

一八飲九，二七飲九，三六飲九，四五飲九（飲者，引也），若此則醉矣。服者伏也，飲者感也。人生均有食欲二念，練此功法則能自行解決，即所謂自給自足。明乎此，即知先後天之造化矣。

八、丹劍篇

歌　訣

口吞四五六，手揮一二三。

足踏七八九，數字要詳參。

在內十五丹，在外三十劍。

外劍護內丹，內丹點外劍。

靜時要煉丹，動時要練劍。

劍裏能生丹，丹中也生劍。

知機隨造化，天仙亦劍仙。

此歌要謹記，莫當等閒看。

得道之人，成丹必要練劍。須知丹之將成，定有內魔來擾，外邪來奪。必須有利劍斬魔除邪，方得安全。否則，前功盡棄，反受其害，不可不慎。練劍功法如下：練有專工，必須師傳口授，否則無效。功法是以數字為訣，開頭曰：

一二三四五六七八九冉冉上升，

一四七二五八三六九徐徐下降。

一升一降，五都在中，五的上下都可成十，所以說五是劍膽丹心。橫三豎三操之在手。大行小復丹外劍，劍內

丹，內外交練。要知動與靜，三橫是靜，三豎是動，相生相剋而在用。靜要煉丹，動要練劍，必字底下生神，稱字中間出氣。紙上生佛，字裏出仙。妙用在手，真訣在心，字門離不了字，字裏有神仙。一字一義都在造化之中。呂洞賓口口是傳劍，三豐練劍亦煉丹，仙劍神劍都要先悟先覺，不是憑人一說就會。此法古今無人傳，我今洩密以待有緣人耳。

附言：此中沒套路，沒架勢，千萬不要拆改。

九、修玄拾遺——車輪圖

動亂之餘，偶於殘篇碎簡中發現大道車輪圖，詳審之，幾經回憶，此圖尚存，真乃天不絕道，給修者一個不二法門，急應傳播，以度有緣之人。

茲將所剩真法詳錄於下：

三位一體各宜其位，五斂，五聚，五固乃成金剛之體。先天大乘，五氣朝元，五神過三關化一元，五火落地化五氣。（落三田）五氣朝一元，青紅相生，紫氣東來。

五神在頭，五氣在心，五性在腳。神宜內斂，氣宜內聚，性宜內固。斂而後聚，聚而後固，固而後斂，上下接踵，參禪修道，是求九六之果，法象一輪，平轉爲輪，立運爲車，輪外爲綱，三十六度，先天四九。輪釘二十八宿，輻條二十四根，（二十四節）道用車，佛用輪。中間一軸是陰陽一氣。道之三關三田，佛之三光三覺，都在此中。車轉講順逆，輪轉講進退。車輪是在道上走，修真更要道上行。車不離道，車進輪退，乘車駕輪神仙路，道法歸一輪乃靈。

此圖不外畫，必須在心中，內觀自然得，何必泥於文

字也。

十、三豐祖師得道眞諦

火龍真人傳道

龍門邱祖相度（追祖傳宗）

東方赤，西方赤，終南山赤赤赫赫，鍾離權火龍真人。

春明日，秋明月，求道人日月明明，邱長春長求春。

現身說法。賜有玉牒、權杖（圖3-3）。

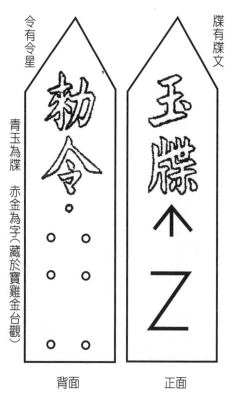

圖3-3　玉牒、令牌

附：法旨《祖師牒令》

　　興衰之理，乃天地氣數所宗。淨樂之國（今湖北均縣舊址，筆者注），國土不過數千里，靈氣聚於太和，綿亙八百里。天地樞軸化為天柱，群仙顯面，天罡展旗。自然景象，人間天府。淨樂太子入山修煉，得道真武，太和改為武當。此乃武當元始之五百年也。興極必衰，相繼又五百年，我曾隱於斯土，適值興極之末，中原混亂，危及淨土，我遂離山雲遊。為了護道存藝，乃遣四聖下山，不許說出姓名，離開中原，取道邊疆。四人踩渡山徑，各去一角，佈道傳藝。長白山係王氣所鍾，瓜爾佳氏又係貴胄。夙緣所繫，留下武當一脈。將來王氣一去武當同衰。緊接武當方興未來之五百年。倘遇此機，必須帶道攜藝，回到武當。做到得於武當還於武當。千萬頂禮叩求，前輩仙長，允收記名弟子。賜道號法名，發給玉牒，記明某年某月某日回山了願。如此陽神可能與我相會，尚有違背，必遭天殃。切切敕令。附護門銅印二棵（原體上曾有太和山大印）。

武當玄玄子示

十一、三豐祖師神遊記實

　　至正十九年九月二十四日，陽神出遊（羽化登仙）。當時有寶雞地方士紳楊軌山為其營葬。七日，棺後復生，異香沖天數日不散，不辭而去，各處雲遊。所遺玉牒權杖及棺內雲履一雙，並有道冠發簪各一具（圖3-4）。

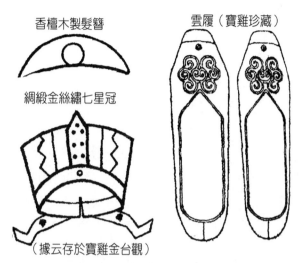

香檀木製髮簪

雲履（寶雞珍藏）

綢緞金絲繡七星冠

（據云存於寶雞金台觀）

此上三圖係按原本模擬，難免有似而非之處，閱者察之。

圖3-4　道冠、雲履

十二、三豐祖師雲遊法像

　　祖師身高八尺，方面大耳，碧眼虬鬚，挽髮，頭頂日月，以青天為衣著淡藍袍，以飛雲為裳穿白褲，背後背竹笠，腰繫豹皮囊，內插方尺一，穿草履跣足未著襪，手執青竹馬尾拂塵，貌奇神清，風度瀟灑，令人起敬。

　　故宮博物院藏有墨蹟逼真，我曾手臨供俸，惜於「十年動亂」中被人毀掉，每每回憶如在目前，不禁慨歎。另外還藏有無不可言之言畫像一幅（已被焚毀），所書之言尚能回憶，茲錄於下以警後人，計有七句：

　　　　不是古籍詭秘，是你沒通。
　　　　不是古籍迷信，是你不信。

不是古籍沒有，是你不用。

不是古籍太深，是你太淺。

不是古籍過老，是你幼稚。

不是古籍應棄，是你自棄。

不是古籍玄虛，是你空虛。

有此「七不」所以焚書！本書無罪何遭無辜。原墨蹟雖然無存，但警世驚俗之言重如金石，所以我時時追念，刻刻背誦，以為座右銘。今天寫此一段，如同我跪在祖師面前，可以感謝祖師賜我通靈，得大智慧，發大願力。

十三、張三豐身世的傳說（關師手書）

張三丰身世的傳說。

我家藏有武當拳宗，係遠祖習意心得之作。拳首載有三丰祖師徒記。歷代相傳。上親授。幼於練武習拳之先把祖師的傳記。象講故事似的。詳述一遍。並把西供祖師神牌前行三拜九叩礼。因始逐令歲總世代綿遠。龕之前，拜着天地日月的區別。而客對聯是：天地天長地久日月日昇昌明。對三丰祖師的身世，萎有可借。兹錄如下：

三丰祖師姓張名通。字君寶。又名全一。三丰其號也。原籍江西龍虎山乃天師之後裔也。南宋末由其祖父移居遼陽懿州。張仲安之子。元定宗丁未夏。四月初九祖師始降生。夜生後，丰神奇異，龜形鶴骨。四大耳圓睛。五歲時因染异疾，經方外异人張雲庵者（係遼遇千山碧落宮道人）孫四雲上人收為徒，為其養疴。経过载載，异疾断愈。芳倘之以文。博覽群書。經史百家。無可不通。継授六沙武，專精少林。蓋義回家。連佳生世病故。三丰哀痛之极，守墓三年，服病出仕曹充中山博陵令。政暇时防萬仙翁，遂萌出世之念。

棄官雲遊。過陝倉。見寶雞山幽邃。卽謂修道。住於

金臺觀。漢經卿送人引度。於元元延祐元年。時年七十六

歲。入終南山扣丹冥真人相遇。（武云鍾離權）侍於大運。更

名玄素。又名玄化。合辭壹子。似回寶雞金臺觀。元九至正

十九年九月廿九日陽神出遊（卽羽化）由寶雞地方紳揚

軋山為其治喪。棺殮復活。鍊成道去。留寓這瀟。雲麓。

王嫦以宗師別。時隱時現。明初遊至民富山住於清微宮。

少林拳由武而翻然入文。稱為內家。（二七西字訣卽此文代武也。）

一直到明初洪武十七年。太祖詔求。拒而未赴。遠遊而逝。

歷經數百年。而不知其跡。然而亦未聞其死。是否仙去。

實難臆測。

繼之祭神於神壇。敬祖三卽來。虔以修真。識以練

武。自喧哄得。心神感來。卽為祖師至眼前矣。

以上是武速祖傳下來的。因原稿李點於十年動亂中。

現在权很回忆追寫。難免錯誤和遺漏。只作參考。不足憑雲。

希詩

閱者諒之。

長白　閻亨九謹識

我的淺見：

對於張三丰其人其事。因為事隔數百年。暫難肯

定其有。但是他不能確定其無。我的淺見。是亞當

究其有。但只他不能確定其無可尋。就不難追朔

在為無之間。我根據。祇要有跡可尋。就不難追朔

依據以上傳說。張三丰顯然是宋末元初的人。考之年代。他

是歷經元三定宗。元之延祐。元之至正。一直到明初之洪武

尚屬相符。并不間斷。考之事跡。最初居遼東之碧落宮。

次居寶雞之金台觀。末後居武當之清微宮。這三處之宮觀。

現享尤在。可稱有跡可尋。前後對比。似屬張三丰一人行蹤

因此對於有些張三丰其人其事的問題。不辯而自解矣。

管見所及。不揣全面。尚祈

方家校正是幸。

錄者　閻亨九謹附言

中 編

第一章　技　擊

第一節　武當拳宗

一、三豐祖師修道眞言三則

說我顚來我就顚，顚顚倒倒有根源。
一三三一顚倒顚，三三重疊上九天。
九天之上有九眞，九眞返還化一元。
陰陽氣數乃造化，順則生凡逆成仙。

天上玄壺生青酒，地下玉池長紅花。
青酒紅花千年藥，飲酒觀花不老仙。

天上玄女酒，地下王母桃。
飲酒吃仙桃，三餐吃個飽。

二、練武二則

心存武當山，三峰在眼前。

不入玄岳門，難學武當拳。（朝山拜祖）

太乙神劍門，玄妙在字中。
寫字即成拳，行筆是練功。
悟到自然得，無須求套路。（認門）

三、鎮門印（二則）

（1）寫字抒劍氣，作畫發文光。

（2）有法之極歸於無法，取法自然通神達化。

以上二印是本門鎮山門之寶，原係銅鑄，早已遺失，現以石刻代之。大小與原來彷彿。此二印原本簽於《武當拳宗》之首頁和末頁。

第二節　秘笈五要

引言：吾家祖傳藏有《武當拳宗》，卷首載有秘笈五要（原係龍行草書抄本），均於「十年動亂」中遺失，僅依所傳和練功所得回憶追寫。拳宗已經逐段分別載於《體育文史》和《武當》雜誌。為了闡明武當太乙神劍門字拳基本功的真義，特將秘笈摘要追寫，以供技擊家參考。

古抄本字句深奧，每感難懂，遂用邊憶邊寫。無奈年老多忘，難免遺漏和錯誤。雖然寫出，已非武當古本真面目矣。希望讀者教正是幸。

一、神功極致

全有全能謂之神，萬有萬能謂之妙。先天地之先乃全

有全能，生天生地乃萬有萬能。有是能之根源，能是有之
結果。修真練武均本於此，不可不知。

　　技擊之道，就是先求自身之有，而後顯出外發之能。
所以古人云：「練武不練功，乃是無油燈。黑暗竟瞎摸，
迷途永不明。」神劍門主要以練功爲本，拳術爲末。功要
內練，無形無象，潛移默化，不言不語；有象則亂，有架
則滯。不言不語，暗自用功，此之謂也。功有多種，分列
如下：

　　一曰：天衍功

　　二曰：內觀自在功

　　三曰：五陽功

　　四曰：五陰功

　　五曰：五陰五陽太和功

　　六曰：五神功

　　七曰：五氣功

　　八曰：五雷功

　　九曰：閃電功

　　十曰：五音功

　　十一曰：四光功

　　十二曰：太歲功

　　功成方能練劍，劍有七星劍（天罡劍），有仙人劍，
有天神劍。行功至極，以手代劍。氣力均在於手。五神居
於手背（五背），五氣布於手掌（六掌），五力發於手指
（十宣）。要知武當真武磨針井，要曉劍河橋上石，鐵杵
磨繡針，功到自然成。此是武當真妙訣，吾傳爾等，須自
覺自悟。

二、扶正祛邪

道，是正道。邪，是旁門。正道，是人道修仙道。旁門，是百靈求人道。正道有法，旁門有術，不可混淆。呂洞賓曰：「今生難得今已得，大道難明今已明。今生不向來生度，更待何生度此生？」此乃說明已得人身要知得度，了三生。證實人與百靈求道之不同。

求正道是奪天地自然之氣，法天則地，法四時，知畫夜。

百靈是求邪道，奪人原陽，吸人之精血。「百靈」之術多種多樣，求道之法則只有自然一個一而已矣。「百靈」術講顯形，容易為俗人所領會。仙道求內得，往往招俗人之唾棄。正如老子所說：「下士聞道，大笑之；不笑不足以為道。」即此意也。

「百靈」之術如龜蛇之吸引，龜吸以耳，蛇攝以舌。如龍聽以掌，魚性在尾。鯤魚能化大鵬，鼠立可換蝠形。雖然百靈百巧，但始終難得人道。所以有諸多巧功，用麻醉之術，能為患者治病；用迷昏之法，更能惑人於不覺。似道非道，似法非法。是非之間，差之毫釐，謬之千里。薰陶一時，貽害於將來。托諸巫醫，裝神充鬼，所以聖人不談怪力濫神，此之謂也，道者豈可忽哉。

三、三聖歸一

聖者聖於人也，一知無不知，於不知中而自知乃真知。仙者先於人也，一覺無不覺，於不覺中而自覺乃真覺。古之聖人知而後能明，古之仙人覺而後能法。明而後

得，法而後成。得其物成其務。由先天地到後天地，兩者雖異而猶同。

聖人知其理，著書立說。仙人得其道，內外雙修。無聖其理難明，無仙其道不行。理出於固然，道出於自然。固然有限有度，用教化移風易俗。自然則無邊無際，以造化顯隱通微。教化有形，宣傳於外。造化無形，修煉於內，以有形煉無形謂之修真。真在何處？就在人身，處處有精，處處有氣，處處有神，以精化氣，以氣化神。神還虛再生精。依何而煉？曰法天則地，法天隨天數而運，則地隨地氣而生。有中求無，無中求有，謂之有無相生（出於老子）。以有崖煉無崖，由無崖還於有崖。以時間覓空間，化成一體，謂之真一。

如聖人誨人不倦，循序漸進。如仙人行功守恆，功到自成。說聖也可，說仙也可。呂祖祠有一楹聯云：「稱師亦稱祖，是道仍是儒。」說明聖與仙殊途而同歸。聖乎仙乎？其聖仙相合而神乎，道成自知焉。

四、武通於醫

人都是外有肢體，內有性命。肢體父母所生，性命天之所賦。初生時天真無二，一切正常。年齡漸長，隨時日而失真。加之四時氣候，陰陽消長，生殺萬物，肢體化生，時刻有變。情感性動，頻於事務。因之天有不測之風雲，人有旦夕之災殃，遂有醫道生焉。

醫理深奧，談何容易。醫者必須先知天地陰陽之道，練之於己，方能用扶正祛邪之術，由己而及人，對災病挽而回之，拯而救之。莫視醫道小術，實有回天再造之力。

例如古之名醫，有很多人是以道成醫。葛洪通丹術而能爲人治病，即其明證矣。只因年代不同，醫法不一。上古則用砭針之術而演變今之針灸。中古則用切脈聞問，演變爲今之按摩。

近代乃有開方服藥以及手術，醫術轉變雖有多種，但是總歸都離不開陰陽之道。例如《內經》裏就有法天法地，法四時，法自然。先講得道而後爲醫用，此不易之理也。武當內家功法亦出於此。先講練己而後及人，文可治病，武可克敵。克敵是知己知彼，方能制勝。治病是扶正祛邪，乃能豁然而癒。醫者如不懂病之來源，安能除患者痼疾？明乎此不是醫而自成醫矣。

五、拳納於字

內家功法，視之無形，聽之無聲。總使古人闡明於前代，但難傳於後世，其原因是，非過即不及。語言繁瑣，文字詭秘，令人找不到，摸不著，此乃違犯返樸之道也。正如武當楹聯所云：「修玄妙訣無多語，識破原來笑煞人」。一如射箭無的放矢。言念及此，發願翻而求之，乃將少林架子翻成內功，納入文字之中。如此則有目的，有著落。

功法是由空間而求顯實。余常謂徒曰：「寫字抒劍氣，作畫發文光。」字是宏觀，畫是微觀。寫字作畫在於執筆，筆有鋒、有芒，鋒芒向內是布氣，鋒芒向外是縱神，內勁出焉。筆動有陰陽、有剛柔、有吞吐、有伸縮，有轉折、有迂迴、有起落、有向背。思之於筆先，發之於紙後（力透紙背）。寫字行拳同是在手，寫字就是操手。

手在於自己，它是自己的手，亦動亦靜，從心所欲。字有千萬，功有多種，過多則不精，不及則不成。所以按四時二十四節，擇出二十四字，以資便於操手。謂之二十四字訣，又稱二十四字拳，乃神劍門之字拳也。此中有術、有法、有數、有訣，非親傳（口授）不可得。先悟後覺，則萬法歸於一個運字而成字拳矣。

晉時有白雲上人者，道號紫真子，曾傳書訣與王羲之。王羲之乃右將軍，本係武人而竟精於書法，留名於後世。足證文武兼修，是有根源的。觀夫書訣，它說明渾元之理，剛柔之法，運用陰陽之道。其神、其氣、其力，處處與內功技擊相吻合，神心相印，余乃師之，遂有字拳之作，並以之用於單丁殺敵，多寡懸殊，竟能克敵制勝，實踐之下蓋亦神矣。

我與白雲上人，從晉到宋元，上下千百年，雖未見其人，而吾實得其道通其神，精誠所感，如同親傳。因此我稱之曰神傳的神拳。字訣經王羲之於永和九年鑴之於石，奇跡尚存，希望智者審之辨之，方知余言之不謬也。

茲將書法之神、氣、力納入技擊，形之於字，綜合出六句真言，以示後世。詳列於此：「字寫龍行草，拳練急就篇。困囷四圍固，團團（混）囫圇圓。道道連連進，達達迭迭還。時時刻刻練，日久字通玄。」

附註（先祖所注）

三豐祖師不僅創有字拳，而且創龍行草書氣行於字別具風格，迄今蜀南川邊一帶，民間尚存其楹聯、條幅者。

第三節　神劍門拳藝十二論

神遊武當山

儀威顯赫武當山，太和之氣滿山谷。

眞武大帝金壇坐，掌握三界善惡薄。

左有天罡執令旗，右有太乙持金劍。

扶正祛邪斬妖魔，仙家求道來斯土。

一、論搗隙

人都有一體，一體又都有五官四肢。所以動手時，要先觀他的全體，如鏡照影。必有突出，定有空隙。突出是硬，空隙是軟，手出隙隨。此自然不移之現象也。硬出而必失之於軟。手出之隙，往往多不自知。所以，技擊之道，首先講搗隙。舍其硬而取其軟（陰處軟，如腋窩、腿裏以及任督、腹部各處）。打陰不打陽，打軟不打硬。凡敵人越兇狠，越要出陽剛之手，縱使高妙也必有漏空之處。所以，要搗其隙，擊其軟而避其硬。如此不僅敵人先出之硬手化爲烏有，而他更難自防矣。軟處每多要害，著者必傷。祖師口傳云：

「身法要裹得緊，正面觀敵，側身對敵。變臉打人，暗中出手，更能避對方搗吾隙也。」

二、論出手和發手

出手與發手不同，出手是行拳，發手是招法，出引要柔，發招要剛。引每多虛，發則必實。短出自衛，長髮擊

人。反之短髮制人，則必出長手以自衛。靈活運用，要長
中有短，短裏有長。長出則短髮，短出則長髮。長手在前
則短手在後做攘手。短手在前則長手在後做攘手。短手要
靜緊，長手要鬆靈。如此則短不慢，長不遠（遲）。可以
後發超前手。長手曲而柔，直而剛。短手要明柔暗剛。長
手係用扔揚之勁，短手則用抓拿之力。短手由腕出，長手
由臂發，手動身隨，勁整力足。起則合提，落則分按。不
疾不徐，靜中求動。動別忘靜，左右逢源。出入自由，不
封不閉，不支不架。出手如鷹之準，發手如鵬之展。又靜
又快，先照後擊。百發百中，如是則得出手與發手之妙
矣。

三、論四病

　　技擊之道，乃內外雙修。陶冶心神氣力之道也。學之
純、練之精者，方能一貫而成，如不謙身慎行，四病生
焉。四病生，輕則學而不成，半途而廢。重則邪祟魔起，
殘廢致疾。學者不可不慎。四病分述如次。

1. 一曰貪

　　貪者是貪得無厭，學此顧彼。不問與自己是否適合，
見著就學，東拼西湊，偷偷摸摸地求成於一時，頃刻就想
會一趟拳，幾天就要會幾趟腿。藉以人前誇耀，沽名一
時。最終拳不像拳，腿不像腿，表面上好似件件皆通，其
實是件件稀鬆。可笑亦可憐，此其病一也。

2. 二曰邪

　　邪者是功乎異端，走入歧途。不入正宗，盲從瞎練，
想入非非，狂妄自大，不求實學。竟抱幻想，一指可傷人

命，半天就要登峰造極。招惹是非，喪生傷命。此其病二也。

3. 三曰巧

巧者是獨裁自專。一味佔便宜，走捷徑，學些個零零碎碎，見了張三那手好，就千方百計地學到手；見了李四那手強，就偷偷摸摸跟著學。東抄一把，西找一下，不管是否應用，以多為美，認為旁人都沒他鬼，沒他乖。結果一無所成，什麼也不是，落個跟著混，惹人一笑而已。此其病三也。

4. 四曰吝

吝者嗇吝不肯用力也。明明能出十分力，他偏要省幾成。點到為止，架子對了就算完事。既不鑽研又不勤練，敷敷衍衍自以為得計。夏天不肯出汗，冬天又怕寒冷。教師一嚴，他則溜之大吉，以形象為玩耍，省勁就好。不求上進，專講外表。如同吝嗇之夫，一文不出，還要擺闊氣，走場面，結果不過欺人而自欺。此其病四也。有此四病障礙於前，雖名師也難教之也。

四、論內養與外練

內要心意堅，外要身手勤。意堅必誠，誠則靜，靜則虛，虛則靈。時時這樣想，須臾不能離。先求混元達到周充。後則由剛而化柔，由柔再返剛，剛極則柔，柔極自剛，至空至虛乃純柔，無氣無力乃真剛。由柔化虛，由虛而空。空而靈，靈而妙。外練一遍十遍千遍萬遍。刻刻在身。由生到熟，由熟到巧，由巧到妙，表裏皆妙，內外相合。不遲不滯，得心應手。神乎其神，明乎其明。功夫到

極絕非一日，少學老用，方能得體。由衰變壯，由老返童，是大力士，是大修行家。祖師曰：「求之在己，成之自然。」此論是十二論中最重要的一論，學者不可不知。

五、論身體和四梢

技擊之本，不外身體和四梢，身體爲體，四梢爲用，體不成用不靈。用靈不易，體成更難。體要通，須通臂、通肩。通體先求圓滿周充，後達寸虛方空。太實氣撲滿身，則窒則夯，則不應用矣（所謂無氣無力乃純剛是也）。

四梢貴有法，指掌要找位。雖云四梢但發之於體。手腳上下相隔，必須通體合用，所謂形於手指發於足踵也。這就是說明體用關係。體不離用，用必由體。練體練梢各有專工。非由名師指點，難以成功（所謂引進入門須口授是也）。此外要懂周身大用，由己及人方盡其妙。此篇之論與上論養字有關聯，望合而求之。

六、論架子

技擊之道，無論內外家，各門各派，都各有各的架子。即所謂把勢也。把勢不離架勢，而不知把勢即八式，而非把勢也。我們這門不叫勢，也不稱式，而名之曰八法，與上述架勢有所不同，並不以架子爲重，全取法於自然。

所謂架子者，則死守成規，教者要求極嚴，絲毫不許走樣，手身活動都固定在定勢上，雖有利於初學，然日久天長，病則隨之而出。架子越精，病也越大。把學者弄成木偶，腰挺身僵，只能直出直入，有豎無橫，有剛無柔，

一舉一動，形同傀儡，如同有人掌握著，若屍骨之不化，終身不悔悟。縱使外觀齊整，不過僅供表演走會賣藝而已。一無所用，即使用也不靈，不能制人，反爲人制，此泥於成法不化之病也。

偶有明達，有所悔悟，願意改正，然作病已深，也難擺脫，反不如初學者得力。究其原因，乃係失自然之故也。以下舉例來說：

武術中架勢每多形於飛禽走獸，如龍盤虎踞，鷹翻兔滾，猿猴通臂，熊經鶴頂化爲手勢，本係法自然，但是一到架子上，就重在做作，失去自然。試問鳥獸的動作，是否像人一樣，有尺寸，有定形嗎？不是自然而然而自發的嗎？大則說法天法地，能說有一定形勢有一定的架子嗎？比如乘風行雲，翻江倒海，能有固定的架子嗎？沒有，肯定沒有。統統的都是自來自去，自至自往。有自然之規律。可轉，可變，可化，並不是個死架子。

所以，鳥獸勇猛的本能叫做天兵（有爪、有角、有牙齒、自生自長的武器而自衛）。人無天兵，必須練而後衛，所以有技擊之道焉。叫作法天兵而自衛自防。我們既法天兵，自應取法自然，豈能泥於人爲的架子乎？

然則能說架子不好，教人習武不要架子耶？絕對不是。架子全是好的，教人學武更必須要架子。非架子不能入門，非架子不能領會。然而要知道，架子並不是沒有自然。原始造架子者他也是取法自然，並不是他本人杜撰的。不過歷經百年甚至千年，世世相傳，代代教人，張傳李，李傳趙，趙再傳張……一傳一變，一教一改，成為每一個人的私有架子，以致脫離了原始的形式，失去原創者

法自然的氣息。將原來的活架子變爲每個人人爲的死架子，貽害於後學，良可慨也。

當今學者，欲去此弊，不可不在架子上用功夫，應當隨學隨改。一手一勢要追求自然、知其自然，得其當然。不拘不泥，善者留之，不適合者去之，總要由懂著而悟於自然。隨便出手，神情自若，灑灑脫脫，旁若無人。由有法歸於無法，以無法還於有法。要在大小微微處求之。管見所及，方家以爲如何？

七、論三品

在武學成後，根據他所得技擊的成績，與武道的深淺，程度可能不齊，有高有低，因之分爲三品，又叫三乘。三品者曰入品，曰中品，曰上品，亦即上中下三乘也。

何謂入品？即能格鬥者也。何謂中品？即能搏擊者也。何謂上品？即能克化者也。品分三等程度不同，分論如次。

1. 入 品

此品是武功成就的第一步，能用其力，著重能格鬥。能用師傳的架勢，招法純熟。遇敵能以各勢規格去應付。以架架閃閃躲躲之法克制對方，不爲敵制。僅能止於格鬥，此小乘之學也。

2. 中 品

此品是武功成就的第二步。有氣有力，重在搏擊，由上一步基礎上，能運力到身體之某一部位，如手、腿、掌，搏而擊之，連搏帶打，擊中含格非常兇猛。但失之過

剛，剛則易折，每有失招失手之險。然而非平常之手所可當也。是由小乘進入中乘矣。

3. 上 品

此品是武功成就的第三步。由中乘有氣有力化爲無氣無力。有剛有柔，亦剛亦柔，柔極則剛，剛極則柔，乃稱神功極致。其遇敵也，伸手不見手，由有法入於無法，在無法中還有法，得其自然，用其當然，達到不期而然之妙。身形似流水，手快如風興。登峰造極，變化無窮，此爲上品，達到上乘之學。

祖師曰：「武功武功要得門宗，自來自長取法乎道。如去如來得其禪功，虛靈至靜又快又輕。教爾小子，惟吾斯從，內修外煉，迷夢方醒。」

八、論師徒

語云：「師徒如父子。」父慈子孝，師能徒尊。此自然之理也。爲父者欲得孝子以光門庭。爲師者欲得賢徒以廣宗祠。所謂師訪徒三年，徒訪師三年者即此也，徒之賢者俠肝義膽，正大光明，尊師愛友，繼承師傳，保門護道，患難相扶，休戚與共，榮辱不分，貴賤不嫌，不忌不怨，終身相依。如是師乃放心，傾囊倒匣，竭誠相授，師誠徒義，水乳交融，共存共榮。反之則欺師叛道，必招天殃，慎之戒之。

九、論操械、說劍、說刀、說杖

技擊之道，以拳爲宗，以械爲輔。拳成械乃精。初學斯道，萬不可妄自操械。必待拳藝精通，拳裏自然有械。

拳藉械發勁，械賴拳生招。各種器械，名雖不同，功夫則
一，都要法天（如風雲雷雨閃電）、法地（如山川氣候萬
物）、法天兵（如鳥獸魚蟲牙爪齒喙），都有陰陽剛柔，
有氣有力。氣力全則神出。有虛有實，實而能虛，虛乃真
空，空則靈，靈則神，由身到手，到腳趾。械必如此，把
功力運至械身械梢，這時拳化械，械帶人，人械合一，械
乃精矣。本門有三械，曰劍、曰刀、曰杖。

1. 說　劍

劍有背有腹，有鋒有鍔，有鋏有環（古叫金鋏玉
環），有本有末，有勢有權。此劍之外象也。有陰有陽，
有剛有柔，有來有去，有往有還，此劍之情也。有平衡，
有挺直，有圓規，有方矩。此劍之性也。操劍者，要知劍
之性，懂劍之情，盡性抒情謂之劍道。

因此行劍要穩，平衡，要徐，要靜。平徐出自劍柄，
穩靜發於劍脊。神在劍，意在手，劍要帶人，人要隨劍。
舉無上、按無下、直無前、橫無邊。一掃千里，一刺萬
重。靜極則動，穩極則行。徐而後急，平而後掃，乍隱乍
現，「老子如龍」，此之謂也。急如閃電，快似秋風。是
氣不是力，是意不是神。效龍之游，要在游字上用功夫，
方稱游龍劍。此劍之大概也。

2. 說　刀

刀是天罡刀。刀有背有腹（腹即刀刃也）。背在上，
刀在下。如魚之在水，不偏不倒，是為刀之性。所以用刀
主要是立劈直刺。雖有砍剁砍撩，亦不過是劈刺之變格
耳。因此刀法要中正，由上劈下，由下撩上，如地氣之
升。故取法於地。氣由四時而變，以星斗指找方向、定招

數。因此，我們神劍門的刀稱之為天罡刀。重在步法，俗
語說叫踏罡步斗，上下左右開合隨罡星所指而法焉。

習刀者以走字當先，術語說「走趟刀」即此謂也。一
招一式要從步上發，步行身隨引而出之。分陰陽講剛柔，
要一氣而成，連綿不斷。最忌冷脆。點子要清楚，招法要
俐落。一刀緊似一刀，一招要快於一招。快是靜中快，並
非走捷徑急躁之快也。要練之於平時，方能用之於當時，
心領神會，應在拳法中求。拳不離字，刀法亦然，此刀之
大概也。

3. 說 杖

杖乃青龍杖，法天則地，取法陰陽兩極輪軸之理。杖
長過眉，在腋下者為小杆。雖屬長短不一，但用法相同。
杖與杆有粗細，招手稍異。粗者好練，細者難求。杖多掄
打，杆重點刺。法自兩極，如出一轍。

極者天地之軸也，有度有數，由內到外，直出直入，
環轉不停。度有度內度外之分。度內是小，度外是大，圓
中有方，方中有圓，圓之中心主直，方在圓外而主行，謂
之行方走圓。此杖杆之由來也。杆之運使，婉轉如龍行之
氣，故叫飛龍杖。

杖與杆開門起勢，前後均有一環。進退變化，連綿不
已。招接招，式連式，不可間斷，前把長出，後把用短。
有反正之別，前後左右之分。巧在以圓出方，難在翻身倒
步。進裏有退，退而實進。高則越高，低之更低。輕杆重
使，力貫杆之兩端，直杆圈用化之在手。忽陰忽陽，忽剛
忽柔。似有若無，似虛退而實進。點如弩發，掃如風擺。
長達千里，短在咫尺，克敵勝人，絕非它種兵器所可比

擬。此乃杖與杆之大概也。

十、論上操

操與練是兩回事。練者是照勢成套的練。操則不然，操是扼要選擇一手一勢，單操單練。練須守恆，操要吃苦，如此才能精益求精。要知道非熟不能巧，非精不能神。所以先輩師傅們，都在操字上用功夫。操分內外，外操是操其皮膚和手勢，內操是操其筋骨和神工。外操由熟中求懂勁，出工夫，內操是精進而神化。以外操引內操，以內操促外操，兩者相互爲用，不可分離。如果分開，不傷於內即傷於外，不可不慎。

操有多種，各隨自己條件與特點，聚精會神地單練。例如操手、操掌、操指、操肩、操肘、操胯、操腿以及其他得心應手的某一手。一招一式要自己先行選擇。或者在身上某一部分，突出操練，以求超人一等，準備臨敵制勝，不至受制於人。語云：「練武不練功，一輩子成不了名。」

操要有耐性，堅持到底。如忍痛拍石劃沙，吊袋排打身體。練陰練陽，不食不眠；嚴冬酷暑，時刻不輟，一年十年，甚至幾十年，孜孜不倦，最後乃能得其神功極致，出手駭人聽聞，方謂全功。此中奧妙不過精誠守恆而已矣，希望後學勉之勉之。

十一、論三得

技擊之道，如欲登峰造極，必須練到三得，乃能超脫，無空無我來去自如，遊戲於武道之中。

以下分述如次。

（1）要黃老之有作，一得也。

（2）要釋氏之無為，二得也。

（3）要儒家之致知，三得也。

須知有作技擊有術，無為技擊有法，致知乃能實用。術是正靜，法是虛空，實是明靈。技進乎此，概亦神矣。祖師曰：「得道之微，得佛之大，得儒之極，乃成之技擊。」

十二、論一遊

技成後千萬不要自滿，唯我獨尊。須知人外有人，天外有天。不僅要知自量，而且要知此知彼知人。知人敬人，則人自然敬己。技之門派繁多，各有所長，各有所短，要學人之所長補己之短。就是高手，未必十全。須知大船往往翻於淺水，有名有時敗於無名。病在見少寡聞，一意孤行之所致也。只有遠遊四方，拜師訪友，方知余言之不謬也。

名都大邑，藏龍臥虎。僻野深山，每多奇人隱士。地處不同，風尚各異，氣候不一，也能轉變人之性情。熱帶人柔而巧，寒地人剛而躁，性格不同，所學技法，因之各異。例如，南拳北腳自然沿革，內地有門有派，邊疆尚奇尚怪，尤其是器械多種，何止十八，真是見所未見，聞所未聞。不但僧道長於斯道，即婦人孺子亦不可欺。飛針刺喉，竹馬喪命，可不畏哉，可不慎哉。

雖然如此，一經聯歡，俠性則一。初則內心疑忌，繼則志同道合，別後仍然氣息相通，經年累月，不斷魚雁往還，對己利益非淺，因此應遊則必遊也。

關師之語

　　我家藏有祖先所著的《武當拳宗》，當時江湖上黑白兩道，為此頗為震動，都認為這是洩露武術的海底（即功底），頗招仇視和忌恨。但因先祖在督署當差，尚能穩避，並沒外傳。以後因社會變遷，綠林英雄，漸漸絕跡，得以代代相傳，一直傳到我手，可惜於「十年動亂」時遺失無存。現在國家需要，在體運會支持下，和史學會的同志鼓舞下，本擬將這本拳宗整個追寫出來，奈因我朽木之年，精力有限，只好分段陸續地追寫，十二論是我學藝的根本，對我影響最深，記憶的比較清楚。所以先把它寫出來，貢獻給國家，交給群眾，藉以發揚武術，而利後學，是所望焉。

第四節　內家溯源

　　超出三界，不在五行。太空六合，方方正正。四面雙出，久練成真。先有太和，後有武當，成於真武，傳於三豐。六合神拳，謂之內家。此乃武當正宗也。三豐既得六和之氣，更以十三勢發揮六和之功。以拳納於文字而成字拳。將少林翻而為內家，概本於此也。

　　明末清初由王征南、單思南等假黃黎洲之說附以十三勢，謂之太極，已經非三豐武當拳矣。以後又以姓氏而成家。張說張有理，李說李有理，更離王單之本，不可不知。總之無論什麼拳，凡係自古標明創始人者，就已經說明該拳的本來面目，究係內家外家，自不混淆。望學者詳加思考，了然若揭，豈待爭辯耶也。

一、武當十八字訣

（1）十字訣：敬緊徑勁切，印擒微緊切。

（2）八字法：橫豎撇按，提掃鉤挑。

法裏有字，字裏藏訣。敵來犯我，以一犯五。正道行修，理中有術。術出於理，以術證理，以理行術，妙術真理，順理則成章矣。一氣一神，內修道，外參禪。能得自然之氣即是神仙，靈妙之極，不能而能，以至無所不能，何況雕蟲小技之技擊乎？根本說法，勝過千篇經典，知根才能返本還源，非手舞足蹈之術也。

二、翻而成內家

祖師翻少林而為內家，要在翻字上講。翻者反其道而行也。自得自應，無招無勢，所以沒套路，沒散手，沒對練，除此以外，非武當也。長身，氣自然歸丹田。降背，自然發四肢，能發轟震之力。

執筆寫字就是練拳。筆劃就是招數，動中蓄力，靜中發力，一轟一震克敵於無形。一靜全靜，一動都動。一長全長，長長無限長；一降齊降，降降到底。一發全發，發發無限發。遇敵仰身似仰非仰，降背發力似俯非俯。不含不挺，要在翻字中求。人用我不用，人不用我用。反裏還求正，逆中要有順。人無我有，人有我則無（不為敵誘也）。

三、意與神

肩臂手肘，明勁易得。意神氣力，暗勁難求。明講丈

尺寸，暗講寸分毫。手上牢掌握，不可不知。暗起於本性，本字倒放，內中先寫十盈，外面後寫八空，一齊起，一齊落，輸軸在腹前臍後，手握兩儀，用時由當中求。

四、武當拳宗歌

技擊之道，武當正宗。無筋無骨，無肉無形。自然而然，內外通靈。大小由之，剛柔隨之。忽長忽短，忽伸忽縮。忽高忽低，忽重忽輕。忽進忽退，忽虛忽實。忽有忽無，忽動忽靜。手動身隨，變幻無窮。十遍百遍，千遍萬遍。多想多練，自然成功。

想得通，練得靈。越想越通，越練越靈。大化小，多化少，有化無，無化有，靜裏求。

五、武當十三勢

十三勢出於人體，即九竅四肢也。內修主生死，外練主養生，技擊至於質，非道者之所宜也。偶一試用，出於不得已焉。

六、武當樁法

樁分內外。

內三樁：正道，行修，束身。

外三樁：落地，運帚，托天。

此六樁有橫有豎，有起有落，有加手，有內勁，神劍門之基本功也。結合三運大法。何謂三運大法？（1）運手反正收放；（2）運肘裏外收放；（3）運身起落收放。

所謂運者不是有意運，而是自來自去之運行也。要細

參方能懂勁。

七、竄珠論

氣講流，血講竄。謂之氣流血竄。珠者圓活之珠也。人身有九曲之珠十八顆，有三曲之珠六十顆，全身共有圓珠七十八顆。有在本者有在梢者。靜珠四十二顆，動珠三十六顆，都藏在周身骨節裏。所以才能令人行走坐臥，活動自如，因之氣血乃通。否則不知身上有珠，更不會用，則肢體滯而不靈。例如半身不遂的患者和癱瘓者，即因失去珠的作用所致也。練武者不知此則周身永遠不通。整體外表雖動，然而一定不太靈活，這是失去珠之本能，絕不能達到武術之妙。

竄者即用珠之法也。某珠竄至何處，就能使某處靈活。其效絲毫不爽。祖師曰：「身中本有寶，自己不會找，只想聚其利（力也），一生是瞎鬧。」

八、太和拳與字拳

三豐祖師既精於少林，復乙太和修真之道翻而爲太和二十四法，稱爲武當太和拳，即二十四訣之字拳也。當時戒律甚嚴，擇人而授，並不外傳，並僅傳法而不傳訣。所以數百年來，人只知太和拳而不知有武當正宗字拳。太和拳乃字拳之一半耳，有法無訣，有歌無字，學此拳者要以寫字爲基礎（即如修道築基）。寫字工夫到家，則拳自出矣。

明窗淨几，執筆寫字，即是養太和也。所以有字即成拳，茲將太和拳歌寫出，加以對證，以利後學。

歌曰：「風吹荷葉乃字之點也。左右搖擺乃字之橫也。飛雲流水乃字之豎也。穿連不斷乃字之鉤也。踩步懸肘乃字之撇也。正氣養性乃字之捺也。慢動快打乃寫字也。環套八法乃寫成之字也。」欲求其詳，另有圖說，教爾小子切莫等閒視之（雍正九年春，瓜爾佳氏春記）。

九、神劍門字拳秘訣

繩墨所及，就是筆劃所到。掌指相通，就是管毫力通。藏鋒就是蓄力。行三者即是三豎行也。立十者即是十橫格也。肘向裏如筆之刷，肘向外如筆之洗，懸空點眼如筆之提。一劃如拳之一動，成字結構如對敵之連犯。單數爲行，雙數爲格。單行即是武術之中行手。雙行即兩邊之雙行手也。用中行手念單數，用邊行手念雙數。此乃內動外應，外動內應也。

四正之筆，謂之中，四斜之筆謂之邊。同是一理，例如橫豎屬四正，其餘屬四斜。楷尙行，草尙飛，篆尙轉，隸尙折，各隨其體，此乃行拳之身法也。

點是內化，化己爲力。劃是外劃，化敵成字。分而言之，聚則成點，散則成劃，點是內化，劃是外化。以點成劃，由劃成字。以字成行，由行化格。行之於筆謂之寫字。聚則爲微，散則爲宏，內是化體，外是化形。力由內生，拳由外發。點點劃劃如筆之力，文武一理謂之字拳。

點劃更是繩墨，繩墨之傳，萬勿錯過。直木之繩，匠之標準，繩墨所經，認之勿錯。繩墨是體，黑線是用，武當真訣，變幻無窮。

十、神劍門字拳五字真言

　　倉頡始造字，字字是真言。

　　點點是修真，劃劃是煉丹。

　　祖師張三豐，以此練字拳。

　　橫豎是刀槍，撇捺是飛劍。

　　武當三十載，得道成劍仙。

十一、神劍門字拳密旨

　　內有六訣，外有八法。二十四字，有形有象。筆如毛刀，黑墨似毒，寫寫畫畫，乃文乃武。

　　六訣：

　　正正寫之，方方寫之。行行寫之，草草寫之。轉轉寫之，飛飛寫之。

　　八法：

　　點而寫之，豎而寫之。橫而寫之，撇而寫之。按而寫之，挑而寫之。掃而寫之，鉤而寫之。

　　七煞：

　　黑而寫之，白而寫之。青而寫之，紅而寫之。黃而寫之，綠而寫之。最後紫而寫之。

　　手是刀，指是劍。手指可以代筆。八法是字的筆劃，六訣是字的六書。取法於字，發之於拳。拳不離書法，筆筆是招。寫字即行拳，行拳即寫字，出手執筆是刀劍，遇敵就寫字。一筆一畫乃是一刀一劍，一槍一戟。把他剁成六段，把他卸為八塊。置人於不覺，取命於無形，即所謂刀筆殺人不見血也。

內操外練，時刻不離，熟能生巧，巧能生神。不論內外家，家家有，何須爭長論短。

十二、內家六柄

六柄者分度內度外。度外用觀、論、動。度內用轉、變、化。此乃行拳之分寸，練拳之火候也。技即是道，非先修道難得功也。一動無不動，一順無不順，一達無不達，一化無不化，智者求之。

十三、字拳十二必要

橫必平。直必縱。間必均。際必密。端必鋒。體必正。屈必輕。牽制必決。不足必補。有餘必損。佈置必齊。大小必稱。寫字行拳，其理則一。中正爲主，左右爲輔。主爲令，輔爲行；應行則行，不可強行。

十四、三不三無

三不：五不許變，七不應改，九不許離。
三無：無象歸本，無位還真，無質乃妙。
寧神定性，聚精會神，方能得手而成字拳矣。

十五、王羲之記白雲上人書訣

（祖師深得其密，附錄考證）
天臺紫真子謂予曰：子雖至矣，而未善也。書之氣必達乎道，同渾圓之理，七寶齊貴，萬古能名。陽氣明則華壁立，陰氣大則風神生。把筆抵鋒，肇乎本性。力圓則潤，勢急則澀，緊則硬，險則峻，內貴盈，外貴虛，起不

孤，落不寡。回仰非近，背接非遠，望之唯逸，發之唯靜，敬茲法也，書妙盡矣。言訖，真隱子遂鐫石以爲陳跡。唯永和九年三月六日，右將軍王羲之記。

附：關師之語

余撰擬文章向不顧全篇引證，只因此篇與字拳有不可分割的關係，故不避剽竊之嫌錄於文後，讀者諒解是幸。

十六、書訣對王書的影響

王羲之既係右將軍，自然精於文韜武略，置身戰陣之中，對於書法，定有所悟。並由白雲先生給以書訣，如同畫龍點睛，更增聲色。所以王書名於今古。

你們要詳看十七帖，字裏所含內勁，全是猷硬。何謂猷硬？即是陰陽合和渾圓之力。柔裏藏剛，形成鐵劃銀鉤。柔而不僵，剛而不露。頗與武功中之韌力相似無二。後人每況愈下，不是失之過剛而努拔，就是失之過柔而媚俗。如同技擊，僵力一生，百病出焉。滿身粗野，危害了文武之道，一染此病則終身不可救藥。戒之慎之。

十七、三豐祖師直解書訣

達乎道，通體圓滿，乃是渾圓。三寶四肢齊歸於臍，腕骨能鳴。陽氣明則化臂力，陰氣大則身生風。刀筆劍鋒，以字爲性。圓動則順遂，方行則逆去。緊靜坐勁，掀則力出。內要致，外要空，整起整落，回仰是遠，連接是近，望之似逸，發之以驚。誠於道，字拳乃精（此篇與白雲上人字訣對照用之）。

第五節　三聖外傳

一、白雲上人外傳

晉有白雲先生者，在天臺山修真，道號紫真子，人稱白雲上人。文能書畫，武善技擊。傳聞俗家複姓司馬，名藏真，河南洛陽人（宣和畫譜亦有記載）。唐玄宗徵之入京師待之。雖然年代不詳，但有李靖、魏徵從其練武之說。由晉至唐歷經數朝，數百年仍在人間，時隱時現，留有奇跡，是人是仙，令人莫測。

晉永和九年傳書訣於王羲之。王羲之得書訣之妙，書法名揚後世。元末明初，張三豐得書訣之神，精於技擊，乃有武當內家之字拳。

二、呂仙洞賓外傳

唐，呂仙本姓李，名瓊字伯玉。唐朝蒲洲永樂縣永樂鎮人。一說京兆人（今之長安）。生於德宗貞元十四年四月十四日，因此，號純陽子。祖父名李渭，曾充禮部侍郎。父名李讓，充過海州刺史（今江蘇東海縣之東北境內）。妻金氏。

武宗會昌年間，曾兩入考場，均落榜不第。懿宗咸通年間，任潯陽縣令（今之九江市）。棄官攜妻隱居廬山之仙人洞。閒遊九峰山、終南山，因號呂洞賓。

在終南山遇火龍真人傳以大道（一說鍾離權）。在潯陽縣任時，手書九轉成丹四字組成的壽字，現存於九江市

煙水亭之純陽殿中（石刻嵌於牆壁）。呂岩、回道人，均係其名號也。所寫壽字，所謂九轉者，即四肢五體九轉而成丹也。與武當修真意同。並作有得道詩和「百字牌」。「百字碑」武當山中留有古跡，無須錄記。茲將有關得道詩和其對聯附錄於次：

得道詩：

今生難得今已得，大道難明今已明。

今生不向來生度，更待何生度此生。

仙人洞楹聯：

古洞千年靈異，岳陽三醉神仙。

稱師亦稱祖，是道仍是儒。

岳陽樓長聯：

一樓何奇，杜少陵五言絕唱，范希文二字關情，滕子京百廢俱興，呂純陽三過必醉，詩耶？儒耶？吏耶？仙耶？前不見古人，使我愴然淚下。

諸君試看，洞庭湖南極瀟湘，楊子江北通巫峽，巴陵山西來爽氣，岳陽城東道岩疆，瀦者？流者？奪者？鎮者？此中有真意，問誰領會得來。

三、祖師張三豐外傳

宋，三豐祖師，姓張，名通，字君實，又名全一，三豐其號也。原籍江西龍虎山，本張天師後裔。南宋末，由其祖父遷居遼東懿州（今之遼陽）。定宗丁未夏四月初九日子時生。祖師落生後，豐神奇異，龜形鶴骨，大耳圓

睛。五歲時因染異疾，經遼陽遷山碧落宮道人張雲庵收爲徒。靜居數載，異疾漸癒。教以道經，過目成誦。遂授之以文，博覽群書，經史百家，無所不通。繼授之以武，專精少林。幾經寒暑，不僅文武皆成，而年已達成人。令其還俗回家。適值其母去世。三豐非常哀痛，守墓三載以盡孝道。服滿出仕，曾充中山博陵令。政暇時訪葛仙翁，遂發出世之念。棄官雲遊。過陳倉見寶雞幽邃，乃就而隱焉。因山中有三峰，乃號三豐居士。居於寶雞之金台觀。金台觀係邑人楊軌三創建於元末。三豐居此聲名大震，更受軌三所看重。

關亨九先生畫三豐祖師聖像

　　據傳說，這時三豐祖師不僅在金台觀修真，而且有時出外雲遊。久慕武當勝地，乃遂走訪（此乃三豐一上武當）。在武當山，見武當蘊太和之氣，將來定要興旺（其言果驗，明永樂年間大興土木，宏偉建築）。元之延祐元年，時年六十七歲，入終南山與火龍真人相遇，傳以大道，更名玄素，又名玄化，合號玄玄子。仍回寶雞金台

觀。至正十九年九月二十日羽化。由楊軌三爲其裝殮，棺後復生（道家謂之陽神出遊），官內遺有雲履一雙，不辭而去。據云，除雲履外還遺道冠一頂，壓發木簪一副，青玉玉牒一枚，均存於金台觀。依然各處雲遊，重訪武當隱焉。時在明永樂十一年左右，武當宏偉建築已經全部完成，三豐祖師住於皇經堂之清微宮。（此即三豐二上武當也）。復得太和真武之道，並悟通白雲上人之書決，乃將少林翻爲內家，創字拳以武爲文，將拳納於字中。當時傳人極少，僅有太乙神劍門承其衣缽。亦即吾家世傳之武當拳宗也。

總觀上列各節，由宋到元末明初，歷經三朝已數百年矣。待至洪武十七年，太祖詔求，拒而不赴，各處雲遊，時隱時現，仍有見之者，雖無可考，但亦未聞其死，人乎？仙乎？令人莫測。

附　註

遼陽遷山碧落宮、寶雞金台觀、武當清微宮，三處古跡尚存，頗可參考。對於有無張三豐其人其事，自然明瞭矣。

第六節　武當四門略釋

武當內家，是以藝分門，不提姓氏，不追年譜。列門如次：龍門、天罡門、清虛門、太乙門等。龍門主道，天罡主劍，清虛主手，太乙主字，以字爲訣。傳於民間者，以清虛、太乙爲多。

一、清虛門

此門雖然練劍，但偏重徒手，它的原理是不假器械間接之力，而用手直接之力。顯示出此門講究內功之深奧，異於別門，一般認爲徒手應敵，似乎奇怪，每多不信，因此學者甚少，成功者更寡。然而它的威力，在武林中不容忽視，過去綠林中云：「寧對刀槍劍戟，不碰赤手空拳。」刀槍劍戟有形有招，赤手空拳無影無形。

器械講的是技法精妙，徒手講的是內功神通。內重吐納，外重浮沉。前手方出，後手緊隨，手不離手。有明中暗，有暗中明，講神速，要俐落，伸手不見手，一見四面八方都是手。手代刀槍，內含剛柔，柔時如棉，剛則似鐵，掌指兼施。

用法爲點、截、殺、戮，赤手紅如滴血，空拳好似雷震，力在方外，氣在寰中，出於丈尺寸分毫。

身法似流水，一如風濤之浮舟，忽東忽西，忽前忽後，忽正忽斜，不獨無形而且無聲。你來我也來，你去我也去，不講傷人，專求取命。每一操械，也照此行，此乃四門中之最神秘者也。

二、太乙門

此門以字爲訣，外練字拳，內煉神劍。劍用短劍（尺八寸），以掌指爲劍訣，劍專護身，掌指克敵。視之非拳，似劍非拳。不尙遠取，貼身而用。劍是走光，掌是弄風。內練能修道斬魔，外練能克敵除奸。說有也可，說無也可，其實是在有無之間。內練老子「有無相生」，外練

老子「難易相成」。內不修不得，外不練不成，此乃四門中之奇異功能也。

第七節　技擊之道功法口傳

上　篇

安徐靜正，柔節先定。明於溫良恭儉讓，乃能進入柔順之武道。不執一，中求守虛，端正而求勇。要等待彼之雄節已盡，見機從天，見地奪力，逆而傷之，還而克之。如是則戰勝於外、得益於內，用力最少，收效何止千倍百倍！此乃順之至、柔之極，別無它求焉。

遇敵要觀風。風不順，靜以待之，論而變之，動而化之。來去由他，生殺在我。這種功夫，要自來自去，自在自得爲妙也。

此道，合乎規矩，順乎天地。要上知天時，下曉地理，中知人事，善陰陽，懂奇正。正則得手，奇則失勢。要正而奇用，奇而正取，相輔相成，乃能可先可後，可大可小。守天雲之恒，守地水之長，守人風之令，上施九天，下施九地，中施九州。日月相望，以明其當，明刑互用，不可一味頑強，明明至微，乃能得天之機。力爭爲主，不失爲客。靜觀得時，天地之機不需人爲。學者詳審，乃文乃武。機者會也。上會於天，下會於地，中會於人。要懂得天門開、地氣通，人事合因而成之。

武功必須懂得立位，四達居中，前南後北、左東右西。在中履三，用乎於天，立足於地，得著於人。進三退

三，顧三盼三。步法身體，行止有定。

行動，要分度內度外。內主動，外主虛。內要不移而小，外要不化而大。內主柔，外主剛，以剛能柔者活，以柔爲剛者滯。用柔順者強，用剛硬者亡。此乃內外表裏，陰陽剛柔，互用之道也。

下　篇

武者，凶事也。凶必危，危必險。在迫不得已時，萬不可給對方有機可乘。因此，心裏要有數，手上要有法。一如戰法之陣，早已擺好，敵來如此，不來亦如此。若來，如魚撞網；不來，仍舊張網以待。萬不可些許猶豫，致失時機。所以說動不要等待，也不是人動我再動（晚了）。所以說雖不動必須早些暗動。出手就變，變則立化，刻不容緩，才能後發先至。不可失去主位，而落於客位。神先於手，雖不動已在主位。如果無備於神，雖動而竟入客位，成被動，而受制於人矣。

深而言之，主要要知機，而不可待機，機不在彼，而在於自然。能於自然而求機，就能瞭解對方之機，因爲他人之機，皆逃不出自然之機。無論任何高手都離不了自然之機。換言之，逃不出自然。故三豐祖師曰：「養點氣，留點神，知點機。」練時要明理講理，用時要精於理而不講理。

1. 鬆字訣

是養功夫的法寶。平時要養成，用時必精。有云：「鬆鬆懈懈似病翁，用時則千軍萬馬一齊衝。」

2. 展字訣

是用時的法寶，也是如鬆字一樣的行動。展裏有伸有縮，不是一灑而盡。要展中帶斂，在收斂中而展之，以免展盡被制，收不回來。如果真收不回來，則以身中內勁自化而展之，亦能發手制人。此之謂技擊之道也。

第八節　技擊瑣語

近來報刊上載文，言拳術不屬於技擊，似乎要把技擊和拳術分割開來，說成兩回事，爭論不休。我寫技擊之道，恰好想起這一問題。現在加以剖析，以供讀者參考並研討之。

武術是拳術，技擊是武道。術精乃入道，無術不能顯道之妙，無道不能發拳之精。這說明拳術與技擊一而二，二而一也。詳言之，拳術是用套路來克敵，技擊是以神化而制勝，其目的則無二致焉。

少林重於拳術，武當工於技擊，拳術是外練，技擊是內修。練必修，修更宜練。相輔相成，渾然一體。

我認為，無論內、外家及各種拳理都是好的，行拳致用更是一樣，所以如果精於外家，自然趨向內家；專工內家者也必然通於外家。三豐祖師即先精於外而後翻成內家，異趣同功，原出於一。這就說明如果對於某種拳術能夠專精，自然就沒有割裂的看法和說法了。

因此，奉勸武林高手以及武術愛好者，不要將完整的武術技擊之道不加深思生硬地肢解開來，而轉化成內外家的楔子。是否有當，請鑒之。

第九節 拆拳與散手辨

技擊之道本是以拳應敵，故無論習何種拳術，必須專精，學啥用啥，要成竹在胸，用時源源而來，這樣不僅能發揮自己本門之威力，且能使敵人膽寒。例如八卦的穿掌，形意的崩拳，本來精於一招即可應敵，何必另學散手加多負擔，何必另起爐灶多此一舉。況每一拳路都能活用，能拆能卸可聚可散，散手為死招，一發即了，不如原來所學套路變化多端。

考武林史記，昔者綠林英雄，莫不精於一門，最忌生拳（術語又叫外手），不能東拼西湊。要知道各路拳種各有各的特長，各有各的絕招。整學零用（拆而用之）即能手外有手，招裏生招，但能鑽研拳路自能給你反映（叫做自發）。什麼拳法都不離身手，貴在熟而能化，勝於另學散手，學不過作為備補，而非正宗，千萬不要好高騖遠，學此戀彼。安分守己原來所練，終成大器。

拳有多種，只求全懂，而不能都練，即使天生聰明，也未必辦到。因此必須專工於一，用時要專精，用時要回顧（回顧者，即回想拆招也），臨敵不至於手足無措，亂抓一氣。

最可笑的是往往有人在比賽和應敵中，不會用自己所練的用法，竟忽而拳擊，忽而擒拿，忽而摔跤；有時翻跟頭，有時打飛腳，甚至咬耳唾面！真是所謂應有盡有，花樣百出。最後以拼命取勝。縱使取勝，這樣的勝法有勝何榮！不過是徒惹方家一笑耳。

假使你能將自己所學拳路拆招而用，招裏生招，勢裏化勢，彼此相較，此來彼往，你來我去，手穩神清，雍容大度，縱使不勝，也只能說是功夫未到，火候失之於嫩，而不是你所練的功法不靈。這樣敗了又何辱之有耶。

勝負之家，本是戰場之孤注，如同賭場，誰都希望贏而不願輸，不僅依賴於手氣之靈與不靈，也關乎幸與不幸耳，又何必爭長論短。這些事實，即可說明拆拳和另學散手之是非矣。

第十節　專工與兼善

何謂專？專者，一也。何謂兼？一而二耳。專工以求精，兼善而爲博。淵博雖好，但必須由精一而後才能兼而博。精一乃變化，淵博不是揀。化則通，一通百通無不通。揀則貪，一貪百貪無不貪。

專工者，一入師門永不他求。兼善者，則是由本門旁通另一門。是用另一門來對證本門，考驗本門。明乎此，專工精一不離師門，淵博兼善不是貪與揀。

修道練武貪是大病。道者忌之，武者遠之。道者貪多則亂；武者貪多是雜。亂則性不定，雜則藝不精，道者亂性，武者藝雜，均非所宜。現在僅將藝雜詳析於此。

展開不少武術書刊，文中所載不是互相吹捧就是誣枉古人，或者某人打敗大力士，某人除過惡霸，等等。少林鼎盛時期則自稱達摩信徒，硬說沒有武當，沒有張三豐，甚至還說沒有達摩。八卦沒有董海川，形意沒有姬際可。反過來武當方興，則搖身一變言其爲三豐嫡傳。明明練的

是外家，偏要在所練套路的拳種上戴上武當的帽子，向武當山上擠。

更可笑的是，連一個武術的術語（名詞）都弄不清，把一而二，二而一的名詞要割裂開，以致爭論不休。又有人為了炫耀自己，搜盡拳種名稱，真是無奇不有。要知道功夫是練來的，不是揀得和湊成的。吾家祖傳用一段諷刺性的故事曉諭後人，詳記如下：「窮人撿破爛，縱使揀得很多，多如積山也得不到寶，更富不了，到頭還是一個窮光蛋。」至今我把這段故事當作一面鏡子，天天時時刻刻對照自己，能專精專工，而不肯兼善，謹記兼善有度。武者何去何從望自擇之。

為了維護武當，發揚中華武術，值此關鍵時期，凡吾同道，尤其是武當同道都有糾偏扶正的責任，絕不能袖手旁觀啞而不言，否則將何以對前賢，又何以對後學？所以我略陳管見，以待知音教正是幸。

第十一節　三盤大法

習武都懂全身有上、中、下三盤。但拳種不一，各有各的說法，各有各的用法。現在謹將武當所用內家功法傳示如下。

三盤者，天地人三盤也。人身有三盤，各有定位。天盤在肩，地盤在胯，人盤在腰。地隨天轉，人法天地。天盤有日月星辰，主宰晝夜；地盤有陰陽寒暑，掌握四時。人有耳目口鼻四肢脈絡，法天地之運行，出於大自然而成造化。用之於身返出形象，即三輪一軸上中下互相運動

也。

用天盤則使肩上之輪，用地盤則使胯下之輪，用人盤則使腰間之輪。肩上之輪形之於手，胯下之輪形之於腳，腰間之輪形於全身。雖屬三輪，但是三位一體，上中下一軸，必要一氣貫通，正中在心，一軸穿三輪。天動，則人與地相隨；地動，則天人相隨；人動，則天地相隨。人輪本法天地，因之要掌握天干、地支，演出八卦五行。

練者必須按時行動，分晝分夜，有陰有陽。軸乃天心人心地心，輪乃天時地候人氣，不可不知。靜則修身養生，動則練武保命，功夫無限全在自修。學力所及，由分到寸，由寸到尺，由尺到丈，費一分氣力得一分寶，竅在用氣，精在合神，日積月累，一年數年，十年百年，方得全功。即所謂工夫無息法自修也。

此中下手功夫有口訣，有手勢，必須經師口授，絕非妄自揣作可成也。差之毫釐謬之千里，千萬不要盲從瞎練反受其害（即天殃也）。

此三盤亦即道釋儒三教之秘而合一也，涉及經典百家神妙莫測，非具有聰明智慧博學者不可語焉。

第十二節　說左撇和腿的練法

天地生萬物，人亦一物，特有所賦，人有思維在右，運動在左。右主神，左主力。左宜練大，右宜練小。大出長手，小出短手；大則顯，小則隱，隱者，暗手也。左爲迎手，右爲看手；一手在前爲正手，後手爲攘手；左手能出出擊手，右手能出內功手。

　　總的來說，練武在左，練文在右。左手係防攻手，右
手乃凶煞手；左屬動，右屬靜，煞手致命，不得已時用
之，意在不輕易傷人。要重武德。所以，武當開門手是以
敬字為先，三請三退，謙而讓之。

　　武術技擊講左右逢源，故不拘泥於左右撇焉。左邊得
手就用左手，右邊得手就用右手。雙摟雙分，亦可以左右
互用。如水銀灑地，有空就入，有隙即乘，何有左右之分
耶哉。

　　腿本天賦之在下，用時不宜太高，只能用提，而少用
踢。提中有點、踹、踏，有轉、縮、蹦，高不過膝，下使
勾盤，轉勝於踢彈。

　　腿是椿之根，豈可輕易放棄。腿和手肘全屬四肢，可
以互用，以足代手，以膝代肘，以趾代指，各有專功。練
時較手尤難。

　　腿法，要行其所行，知其所止。止則定，定則穩。步
要含機而用，不明此，謂之妄動也，不可不慎。至於蹦與
跳，本屬身法，以身帶四肢，並非憑足而起也。內家功法
有雀躍，是以手、指、足、趾之爪力而用也。

　　以手代腳的功夫，是先練俯身就地蠕行，手指尖和足
趾著地，挺腰而曲行，屈曲進退，左右互用，練到一定程
度，可以左右旁臥，滾走不停，此第一步之功法也。

　　第二步是背著地，仰而蠕行，左右開肘，左右蹬腳。
然後加練左斜飛，右斜飛，出暗手左右連環掌，提身而
起，隨機加手。練時要意到神隨，以靜中求動為主，不必
專心求快，自然迅速為妙。

　　此法，雖屬行之用四肢，然發於身心，練到通體皆

靈，一動無不動，有意似無意，自然而然地自然發動方
可。

武林前輩謂之「五腿六臂多面手。」過去江湖豪雄每
多用此技於夜行中。它能穿水洞過門檻，令人不覺。其功
法在輕靈巧快靜之中。

第十三節　夜行步

依據上節功法，深化到一定程度，方可練夜行步。此
法早已禁傳，但因是內家特技，不能不爲介紹。

1. 伏　身

首先要練伏身，這段功夫很難，必須通體綿軟，內勁
已達毫髮，足趾爪尖能支撐全身方可行功。行含吸提、斂
聚、粘貼、帖靠，胸要挨地，雙足要有蹬蹺之力，兩手要
有抓按之勁。一行，四肢全伏，抻筋拔骨，起落有序，背
脊如同有人提攜，彷彿懸空而伏。

2. 左右胯步

此段功夫是在伏中而行動。前腿屈行，後腿直蹬，腳
尖著地，但必須在一條線上活動，左右換用。謹記前足屈
行時，必須全腳掌著地，後足直蹬要腳趾尖著地。一足前
進用足蹤，必須後腳印踩前腳印，一步頂一步，匍匐前
進。先用右足時，左足則繞步右足前，謂之填步，循環互
用，連鎖不停，兩手臂左右斜飛。

3. 左右倒步

這段工夫較前兩段工夫更難。全用手指和腳趾尖，腳
踩倒行，以神功分辨方向。何謂神功？即兩踝有眼，向左

一步，向右一步，一進一退，以後爲前方，步步後退，忽直忽屈，忽左忽右，形如群蛇過街，昂首而行，方爲全功。

練此功者，開始往往站立不穩，有跌倒之危險，最好先練右邊，面南立時，在右邊選一磚牆，右邊貼牆一尺，順牆先行畫一條線，兩腳前後同時踩在這條線上，如法開始行功爲妙。最後單練蹚步，以兩踝貼地，收膝裹襠，如農夫犁地，趟土而行。功深者，進一步以胯趟土，日久可練爬城，貼壁掛畫，綠林中人多以此技用於夜行。

第十四節　神劍門通靈修眞秘語

太乙神劍門首先講「通」而後練功，也就是要修道者周身皆通，才能接受內家功法。它與其他的修眞不同，專以法天則地，知晝夜、曉四時爲主，以陰陽爲本，乃修眞之修眞，成仙後之功法也。由簡入手，不據經典，有八句秘訣如下。

> 你不要看《參同契》，也不要念《悟眞篇》。
> 本身就是修眞圖，三起三落畫得全。
> 上首下行陰自降，陽升頂上長紅蓮。
> 陰降腳下化白雲，腳踏白雲上九天。

1. 兩字法象

有法有象，動靜皆宜，此乃得道成仙後之功法，不是修煉階段。說明內家功法乃仙法也，字拳乃仙傳也。這煉

衛 衍

中之練而非外操之練也，字拳二十四字訣即出於此。更明顯地指出若不通靈，休想學得字拳。

字拳何止二十四字，字字都能成拳，就在於是否通靈。如果真的通靈，字典上的字都可以成拳。不僅如此，凡是人類之字都可成拳。爲證實這一問題，我將通靈法的修真圖公之於世。

2. **修真通靈法圖**（圖1-1）

第十五節　無量胘論與注釋

在《武當拳宗》武功秘訣中，載有《無量能論》文一篇，文法奇特，詞句古奧，詳述字之功能，並闡明字拳的功法。可惜原本遺失，僅存殘頁，字句亦多模糊。爲了弘揚武當，今追記整理，摘錄成篇，以利後學。

【原文】

一能百能，千能萬能，一能無不能，乃至全能，超級則無量能。敢問誰有此能？惟字當之無愧焉。先有能量，是有量之能。由一能而十、由百而千而萬，一能無不能，由全能而到無量能，擴之內外，散諸空間，無邊無際，何曾有量。塵凡萬物，動植飛潛，都是以字而名，各有所能，各顯其能，此乃道無始而有應，其未來也先之，其已來而知之。凡物之將來，其形先之即建成形，則名以其

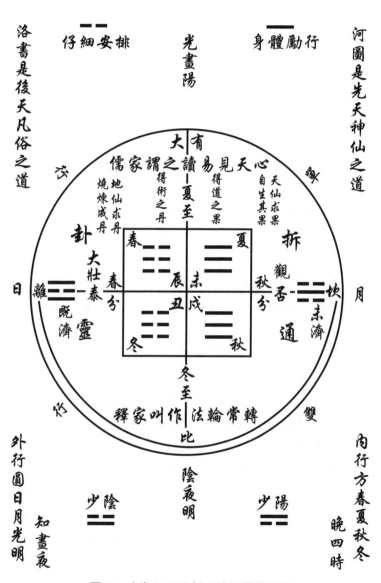

圖1-1 武當太乙神劍門修真通靈法圖

名。「字」之功能，隨物而應。人之生也，先有其形，後有其姓，以人及萬物之多，字應的功能豈有量也哉？

　　無量能，為何無量？遠大生無量，近在中土，遠在西地。凡塵萬物，如恒河之沙，皆以字名其名。不分地區，不分人種，到處有字，無字則無以名其名，所以說「字」是無量功能。

　　功能有理，順理成章，乃文也。依法而定，從法而得藝，乃武也。理是功能之本，法是功能之基。理法冥冥潛在，令人難測。如何有理有法？必須身體力行，生之於心，發之於手。手是萬能手，動動靜靜每先用手，用之不息用之不休，寫字更要用手，動靜有字，呼吸有聲，均出於手，形於字。

　　字的功能，有陰有陽，有剛有柔，亦剛亦柔。畫劃由點出，太古無法，太樸不散，太樸一散，而法立矣。法於何而立？立於一畫。一畫者眾有之本，萬眾之根，見用於神，藏用於人。忽起忽落，行之一氣，動則有作，靜者無為，有則到處有，不用立即無。中土有西地也有，中土之字點劃合用，西地之字一絲單行；中土之字如機織有經有緯，有橫有豎；西地之字如蠶吐絲，纏纏繞繞。人種不同，字亦各異。有刀形者，有帶形者，有如山脈，有如水紋，等等不一。機發即動，異趣同功，中西不改，千古依然。中西之字分在使具，中國毛錐，西用鐵筆；毛錐出方，鐵筆出圓。方偏於柔，柔極反剛，亦剛亦柔。鐵筆偏剛，剛中有柔，或剛或柔。中土之字尚規矩，應先必先，應後必後，西地之字信手拈來，不疾不徐。毛錐之力發於手腕，鐵筆之力出於手指。中土之字繁瑣難工，西地之字

簡而易行。無論中西，有字都能成拳，不能因地偏廢。天
之所賦，人人所有。豈可歧視。玄玄子記述。

【註釋一】

文中言：千能萬能，一能百能，一能無不能，乃至全
能，超級則無量能。敢問誰有此能？唯「字」當之無愧
焉。

這幾句乃是出於老子有無相生，只要有一即有一能，
一能積之以數，一而十，十而百，百而千，千而萬，而全
能，一能無不能，能之極則無量能矣。並提問誰有此能？
只有「字」能擔當此重任焉。

緊接著說先有能量，是有量之能，由一能開始到十、
百、千、萬能。一能無不能，由一能無不能到全能而至無
量能。

這是有無之變化。得於一，一化十、百、千萬，全能
無不能，由有量化無量，說明由無到有，由有還無。又說
擴之內外，散諸空間，無邊無際，何曾有量？塵凡有物，
動植飛潛，都是以字而名，各有所施，各顯其能。

緊接著說無量之大，凡是塵俗中萬物，不論樹木花
草，鳥獸魚蟲，全是用字得名，都有它的本能臨時致用，
各顯其能。再用道之始加以解釋，說其來也先之，其已來
知之。無論什麼物初來，其形先之，既然建成形，則必以
字名其名。字的功能是隨物而應，又說人之來也，先有其
形，後有其姓，以人及萬物之多姓之名，「字」應多功
能，豈有量耶哉。

【註釋二】

無量能如何無量，遠大生無量，近在中土，遠在西地，

凡塵萬物如恒河之沙，皆以字名其名。不分地區，不分人種，到處有字，無字則無以名其名，所以說字是無量功能。

這段是說無量能是怎樣形成的。是由遠大沒遠沒近散在各地，世界上最繁多的物和人，都是用字而得名，因此不管哪個地方哪個種族，都是各有其字，可稱到處有，無處不有。否則人無姓，物無名矣。所以說字是無量功能。

【註釋三】

功能有理，順理成章，乃文也。依法而定，從法而藝，乃武也。理是功能之本，法是功能之基，理法冥冥潛在，令人莫測。如何有理有法，必須身體力行，生之於心，發之於手，手是萬能手，動動靜靜每多用手，用之不息，用之不休。寫字用手，靜動有字，呼吸有聲均出於手，形於字。

這一段就是說功能出於「理法」二字。有理法才能順理成章。文章則是文道。照法學藝練武則是武道，這些理和法是看不見，無影無形，必須以身體驗，才知道理是功能之本，法是功能之基。怎樣力行呢？必須生之於心，發之於手。手是萬能手，一舉一動都必用手，事事用手，不休不息，每動必有字，甚至呼吸聲中也有字，字字句句說明字的功能。

【註釋四】

字的功能有陰有陽，有剛有柔，亦剛亦柔。畫劃由點出。太古無法，太樸不散，太樸一散，而法立矣。法如何而立？立於一畫，一畫者眾有之本，萬眾之根，見用於神，藏用於人，忽起忽落，行之一氣，動則有作，靜則無為，有則到處有，不用立即無。

　　中土有，西地也有，中土之字點劃合用，西地之字一絲單行。中土之字如機織有經有緯，有橫有豎；西地之字如蠶吐絲纏纏繞繞。人種不一字亦各異，有刀形者，有帶形者，有如山脈，有如水紋，等等不一，機發即動，異趣同功。中西不改，千古依然。中西之字分在用具，中用毛錐。西用鐵筆。毛錐出方，鐵筆出圓。方偏於柔，柔極反剛，亦剛亦柔；鐵筆偏剛，剛中有柔，或剛或柔。中土之字崇尙規矩，應先必先，應後必後；西地之字信手拈來不疾不徐。毛錐之力發於手腕；鐵筆之力出於手指。中土之字繁瑣難工；西地之字簡而易行，無論中西，有字都能成拳，不能因地偏廢，天之所賦，人人所有豈可歧視，玄玄子手撰。

　　這一段寓意甚深，涉及很多問題，首先提出字的功能具有的性質，取法於太樸一散而立法，說明一畫的重要性，引申到此法見用於精神。藏用於人，又說人的用法，人要寫字必須有起有落，一氣呵成，一動是道家有作，靜是佛家的無爲。有，處處有，如不用立時就沒有。在有無上又提出在中土和西地都有字，同時又說明中西字的寫法，中西字的區別，各有各的寫法和形成。說中土字是用點和畫而成的，用機織經緯有橫有豎作比喻；西地之字像蠶吐絲似的纏纏繞繞。人種不一樣字也不一樣，有像刀形，有像帶狀，有像山脈，有像水紋。各類人各類字種種不一，然而都是由機動而出功能。這是千古不能更改的。

　　以下又提出因爲用的工具不同，說明毛錐鐵筆之不同，偏柔偏剛所得結果。

最後指出中西字繁簡及發力功能要領，無論中西字都可以成拳，不能因地區的不同而偏廢。這種功能天賦所給，人人全有，深言之，中土人能以字練拳，西地人也可以用字練拳（注：玄玄子係祖師道號）。

第十六節　字拳拳經（又名：百連索）

武當字拳	拳裏有字	字內藏拳	拳有內勁
勁發於手	手能寫字	字字成拳	拳有多種
種有千萬	萬法歸一	一點太樸	樸散有法
法起於點	點點劃畫	劃有橫豎	豎直橫平
平正出柔	柔能化剛	剛極還柔	柔柔剛剛
剛必韌潤	潤而合緩	緩緩上升	升升降降
降陰生陽	陽施陰隨	隨手拈來	來去自如
如有若無	無反生有	有氣有力	力由身發
發於手指	指手畫腳	腳動身行	行雲流水
水如旋渦	渦轉不停	停是靜思	思招想勢
勢所必至	至理固然	然後成章	章法既定
定能成文	文字玄妙	妙在內勁	勁即拳勁
勁發於身	身勁入字	字勁行拳	拳拳相生
生長無盡	盡其所能	能是無量	量天量地
地能承荷	荷載眾生	生生不已	已到化境
境要內觀	觀其自在	在上用九	九還於一
一七三五	五衷思興	興之所及	及者機也
也能旋轉	轉化多變	變必有勢	勢發於拳
拳就是道	道通於神	神劍之門	門內武當

當其所當　　當之無愧　　愧對人類　　類有良蒡

蒡則不納　　納之塵俗　　俗人說夢　　夢懂無知

知者則智　　智乃明明　　明者易通　　通其法術

術是武術　　術數之道　　道必修持　　持之以恆

恆則深入　　入要漸入　　漸而循序　　序列有時

時機自動　　動則生力　　力大無窮　　窮理盡性

性功必用　　用之則至

　　此篇與上述之《無量能論》有不可分割的關係，乃是開天闢地。天道，地道，天地人道也。須互用，對照推敲，要有所悟。本欲編後注釋，無奈年邁力衰，一時難以如願，歉甚。

第十七節　字的內勁與人之內勁

　　字有內勁，由人賦予。人之內勁因字而生。先從人及於字，然後是以字再及於人。字體人體是一樣的，同有上下，同有前後，同有左右。行筆人力先動，行拳字乃先動，內外顯現同一道理。

　　字拳的特點就在這裏。所以有字即是拳，字字都成拳，何止二十四字成訣？即千千萬萬字，繁多如字典皆可為拳，不僅是拳路更是拳庫。本次所述時時都提出，有字即成拳。字典裏何止二十四字訣，遇字都是訣。因此，在二十四字未寫出之前，我把字的內勁和拳的內勁在此作一番分析。

　　字以晉為最盛，王羲之得白雲上人書訣，所以成名於後世，實因其有獨到之處，他不僅得字之神，且得字勁與

力，力發字如銀之柔，圓而正，柔裏藏剛，含而不露，韌而潤。除此一人，不足道也。降至大唐，字風一變，則將字之力，剛柔倒用，先剛而後柔，猷而硬，除顏魯公以外，無與媲美者矣。宋、元、明以下更失其真遠矣。柔者過柔則媚俗；剛者過剛，剛則弩拔。待到清朝，則百態具出更不足為楷模矣。為什麼要這樣說呢？是因已無韌猷二勁，而失字之力矣。

詳言之，字有陰陽，有剛柔，在陰陽剛柔上而生力，由力的變化而出點畫，即拳之形也，以點為主，俗話說：「點到為止」。正是行拳的要領，拳術內勁就是以點為先，點的內勁就是三豐祖師所謂之通微，視之容易，練之最難。

點的功夫發自周身，形諸於指，非通靈後無能為力也，這種勁，俗說叫勁，術語則是提勁，將力提出活而用之，即為武術之行拳，字變拳即變，上下左右必須活用。點上行則豎立，拳上行則上掤或用劈，豎下行則用撩撮。字橫出則是拳的左右橫截，也可擠按。左斜行則是勢，右下捺則消行。豎要陽伸，橫要陰圈，以字找勁，以勁出拳。寫字是人找勁，練拳是勁用人，由身到字，由字還身，內外交流行之不息，是勁是力不是氣，練拳用氣則神分，顧拳顧不到氣，照氣照不到拳，每致兩誤，則出手遲矣。

陰陽互用，剛柔兼施，剛裏求猷，柔中取韌，猷韌二勁要在字裏求，在拳裏用。體要柔，肢必剛；肢要柔，體必剛；剛以避敵，能接敵械，柔以發勁；剛順柔必逆，柔順剛必逆，一順一逆一隨一消，以意應之，最忌有形。所以千萬別把字看成架子，更不需要套路，字熟則拳熟，字精拳自精。有工夫就寫字，寫字就是練拳，先練一點，次

畫一豎，再寫一橫，次畫一撇，時時刻刻要這樣做，何愁
字不成拳。

以字出拳，一筆一畫即是拳術的一招一式，要先工一
筆，然後再兼眾畫。一個字可以用一手寫，也可以用兩手
寫。一手能寫一字者，則一手能發數招，所以字門的開門
手，就是一開門就用一手，一連氣打出七招而不換手。後
手放於背後，這叫後擺手，又稱救命手以及絕命手（絕命
手即一出手就把對方打「土」了，「土」就是打死了）。

先看字形，哪筆是正，哪筆是偏，哪筆是順，哪筆是
逆，然後再聯想到身手。順者手必正出，逆者臂要反用，
隨字轉身要知向背。四正藏於四正之橫豎，四隅隱於四斜
撇捺。順多柔逆多剛，邁步如走筆，筆尖前指前進，筆桿
下引，引必後退，筆正者正走，筆斜者旁行，日久通神，
人一動字即應，人字合一，亦字亦人，字是拳，拳也是
字，何難之有。

在《無量能論》中提出人類都各有字，都可以成拳，
這是對我們後人的啟示。凡吾同道，不分中外，應當在這
一啟示上下工夫，有所創造，有所發明，以發揚武當技擊
之道，對人類有所貢獻。

人身有血脈，字體也有血脈，人身之血脈是血隨氣
行；字體之血脈是墨隨水行，人無血脈則諸穴具閉，不能
呼吸。字無血脈則眾畫全停，不能成字，此乃字拳內勁之
根源也。行拳想寫字，則人與字相合。字脈即人脈，字勁
即人勁，點手如點字，行手如出畫，點劃由心出，拳招由
手發，心動筆隨能寫字，意動手隨則發拳。拳有氣力，字
有精神，精神氣力合一則拳之上乘，不是架勢。如果在此

中求套路則背道而馳矣。

　　字拳在《武當》雜誌初創時，就有許多朋友和同道來函索要套路，我曾繪圖說明，每多不解。因此在此篇中詳加分析，強調指出內勁，說明字的內勁與人的內勁的作用，剖析拳出於字，而不是手舞足蹈之外形也。

　　我今特提出四字，作爲標榜。每一個字各有血脈，用紅線顯示出來以備日後「二十四字訣」付梓刊出時有所佐證。

　　現在雖未將「二十四字訣」揭出，但此四字已足供讀者參考，照此鑽研，方知余言之不謬也。

　　字拳乃無言之道，不可名亦無以名之，因行於手強以名之。「二十四字訣」必須先懂字的筆劃乃能名之。例如點必飛，橫必圈，豎必沖，豎左下斜成撇是右大環，右下斜成捺是左反臂打，短橫是截，短豎是插，外勾是右手內挑，內勾是左手反彈，橫分上中下，上橫立圈，中橫平圓，下橫分纏，用之有法，自然生力，自然成拳。橫正圈內含蓄、柔、縮。豎反劈外有摔、拍、拓。先練通玄，後乃通用。

　　二十四字訣，原有文武兩本，文本又叫通玄本，武本又叫通用本。通玄本講的是內修法天則地，通用本講的是人字合一，先述其理，後求其拳，單操雙修，逐步形成，不急不徐，萬勿超越。欲證其實，詳看下圖（圖1-2）。

　　圖一：「正」字當先。

　　圖二：「大」字相連。

　　圖三：「光」字居次。

　　圖四：「明」字乃全。

圖1-2　四字圖

　　舉例四字，說明字拳，待二十四字訣刊出便可一目了然。

　　字的血脈圖：起點 --------▶ 落點

正

（1）上橫左展右閃；

（2）中豎上劈下拓；

（3）右短橫截；

（4）左短豎插；

（5）下橫左右纏撣。

大

（1）中橫左引右護；

（2）左大撇用擰甩；

（3）右手掏心隨即按。

光

（1）左挑右剔；

（2）反拋點掖；

（3）中橫左圈右護；

（4）左手暗擠反打。

明

（1）左右圈手日里加橫掌；

（2）右手大纏上拍下拓；

（3）左手反臂擠靠掤挑；

（4）月中左右兩橫雙剪手。

第十八節　錯綜論

上列四字圖說仍應深討。字拳原出於易，以錯綜變而示神奇。易無錯綜則不變，一錯一綜變即生，生生不已，字亦如之。易以爻之錯綜而成卦；字以劃之錯綜而成字。錯者相對也，綜則上下顛倒也。易無爻生難以成卦，字無劃哪能成字，字劃就是易之爻，有時畫與劃相對，有時畫與劃顛倒；卦講吉凶，字講剛柔，剛柔出則成拳。

字，點要重，謂之側；橫要寬，謂之勒；豎長，謂之努；一挑謂之策；一掃謂之喙；一鉤謂之趯；一撇謂之掠；一捺謂之磔。橫能左右掃，豎能左右分，橫極則折，豎極必挑，橫變走之，豎變彎鉤，豎緊橫鬆，長短互用，不離其形。八法即是八卦，八卦變為八八六十四，八法變為字何止千萬，卦法字法源出於一，一陰一陽，一剛一柔，內勁出焉。

字拳視之無法實有法，由有法還於無法，自然規律，不待人為。所以有拳沒有套路，有招式而無象。儒者十年寒窗不得其門，武士習練終生困於門外，實未得易之理與字之道也。

字拳，必先通易之理，由易理而求字之道，由字之道中求字拳之微，字拳之微必須讀易拆卦通靈，必須寫字辨劃出拳。前之四圖即本於此，請詳參之。

第十九節　變

遇阻就變，一觸也變，時時變，刻刻變，轉身就變，回手就變。拳行中途未發即變，十人學藝，同一招式，但是所得者，一人一樣。出門就變，回頭又一變，縱屬同門兄弟，出手各異，神出鬼沒變化多端。不怕偷拳，不怕偷招，取予之道就是授之，未必能接受。瞬間萬變令人莫測。其神乎，乃不神之神也。

遇敵，旁門多以踏中宮為法，字拳則不然。敵入中宮正好甕中捉鱉。找隙走邊，半步即可轉入敵後，使對方不及回身，而我則為所欲為。總要神變貌變氣力變，一人能化多人，一招顯出多招。說有形，一人可以應群戰，說無形，轉身不見，忽隱忽現，出沒無常，使對方如入迷魂之陣，無處可逃。這些功夫都在變中，必須練於平時，熟能生巧，自然應敵自如也。

依字而變，變中有法，一字在身有七變。在前一變，在後一變，在左一變，在右一變，中平一變，上仰一變，下俯一變，謂之七變。要將字看成四面，前後為正，左右

為邊。可以正用，可以偏用，可以倒用。立而用之，平而用之，一動即變。操之在手，前圈對敵，後圈護己；對敵發力，對己提勁。圈有合手圈，有單臂圈。由外向內曰緊，由內向外曰鬆；緊是短手，鬆是長手；長手追敵，短手取命。以字為根，以手為用，寫字操手合為一體。操是提內勁，寫是找招術。

遇敵出二手，留前手先引後擊。手是觸角，一觸即知，遇障則炸。敵要出手隨他手而入，他拿隨拿反打，他擒隨勢而崩，手中出手，不許回手，敵如制我，由制而殺。此中含有伸縮吞吐，不是支架而是默化。

手法要簡而淨，點劃如在書齋，沉著俐落，不似戰場，玄妙何在？均由字出。日寫百字即是練拳百遍。越多越熟，千遍萬遍即能生巧，詳體字意，細找內勁，劃劃生變，變而後化，三豐遺教，永尊為妙。

第二十節　觀變通體論

技擊源出於道，字拳以道為宗。首先要通體皆靈，周身不通，則練拳無能為力。如何能通？必由內觀。內觀有三：一曰觀息，二曰觀身，三曰觀心。觀息通氣，觀身通體，觀心通神。

一、觀　息

息非數息，又非閉息，亦非伏息。息乃自調謂之真息。真息必靜觀，觀時神要朗心要虛。念止神則凝，神凝則氣合，氣合則息定，息定氣自生。不是呼吸之氣，乃先

天之氣也。此氣無內無外，無大無小。練之勿著，不講丹
田，不指定點。渺渺無際，浩浩無垠。無窮無盡，與天地之
氣相合，萬籟無聲靜中息。超靜超真，真極至無，歸於太
空。空則靈覺身全無，輕而鬆，鬆而通，只有一息，連綿不
斷，甚至奄奄一息。無筋無骨，更沒血肉，萎然而軟，爲水
中之泥。神身氣通，此乃武當太乙字拳功法第一步也。

　　強調必修，不可間斷。小效百日，全功千日。三年不
輟，必得真諦。行之有度，止之有時。師傳口授，方得真
功。

二、觀　身

　　先觀其形，後觀其質，看看三田何在，瞧瞧三關哪
裡。骸骨有定，筋絡有數。要巧於審查，善於安排。何處
生精，何處生血。精到即化氣，氣到則化神。一一內觀，
觀其動，觀其靜。靜以觀骨，動以觀肉。觀其陰陽，觀其
剛柔，觀其消長，觀其浮沉。

　　神隨意觀，意到一處，神生一處，意到則開，神到則
靈，審時度勢，各有其用。觀其內知其外。五體要得當，
四肢要適中，手揮足蹺內勁即發。內通其體而求，外通其
肢而用。此時形化質變，自然身通，一通百通無不通。通
體皆靈，乃逐大通。

　　字拳手操行拳，內外發勁都出於此。身動肢隨，意動
神隨。內操其質，外練其形。形即是字，質就是劃。演成
字拳，不僅說明人體通，而且說明字體通。字通乃能內布
其氣，外顯其神。人身有精、神、氣、力、意；字體有
點、豎、橫、撇、捺。生理同於物理，天經地緯，善於思

慮。時而習之，我身一通，乃與天地同。武當妙法，唯須通靈。通則感，感則靈，靈通靈通謂之通靈矣。

三、觀　心

三觀中此觀最難。雜念情慾擾於心中，因之觀之難定。越有心觀越觀不見。有心則念隨，念隨則欲動，觀也無效，即欲止觀亦不可能，此乃有心之害也。有心必障，障則觀不見矣。所以，觀心必先無心。

無心則空，空而虛，虛而無。障去則明，一觀則徹頭徹尾，萬念俱灰，情慾全消，則觀得其用矣。此觀重在去念，才能與前兩觀相會。同觀同止，無障觀身，身自見，可以觀息，息息相調，調則心靜，靜則神凝。神凝可以禦氣，氣動反而化神。神氣合一乃精生，謂之神精氣爽，爽則心氣足也。

心氣足，自然生力，力發於五體，行於四肢，乃拳之內勁與外力也。內勁行於字之體，外力表於劃，其理則一。觀人之心即是觀字之心。字心居中為正，人心居中乃真。以小觀大，以大觀小。天地可作一物觀，一物可作天地觀。一生可作一日觀，萬古可作晝夜觀。運於自然，則機必至。此乃神之運心之動也（內動）。

總之，三觀是先觀息，次觀身，後觀心。觀後要知止，謂之止觀。觀不得法，非正觀也。止不得法，乃妄止也。非正觀，不如不觀。苟係妄止，何如不止。觀而止，止而後觀，其觀也與道合。

息者呼吸也，息息者，即綿綿不斷也。息息要歸根，根者生氣之根也（觀其復）。有無相生，動靜互用。

　　道之始終全在靜觀，非觀不靜，非靜莫觀。只觀不靜觀也沒有，只靜不觀靜也徒然。能靜能觀乃無上之道。不用數息，不用閉息，不用伏息。氣是自生，息是自調，自調自定。念止神則凝，神凝氣則合。氣合則息定，氣定則自觀。觀至神朗心虛處處得觀，觀息知息觀身見身，觀心見心。三觀全定息，則念止。說有心又無心，說有氣即有氣，說有神不神神。

　　有欲觀竅，無欲觀妙，竅通玄關，妙合天道。觀之即有，不觀即無。行其當行，止其所止，不違天時，不受天殃。此是三息則歸道鄉。

第二十一節　說長道短

　　無論任何拳種，必須懂得長短。長短之不分，則無曲直也。失之於長者有去無回；失之於短者，只能猛衝直撞。不明陰陽，則不知裏手外手。不通剛柔者，則不曉內圓外直。陰陽剛柔本出於長短，所以有長短必要有陰陽。出短用長必要有剛柔。

　　剛柔雖出於曲直，但須知剛不可過於直，柔不可過於曲。長手要伸中有縮，短手要浮中有沉。一伸一縮，一浮一沉，前後相應。單長必須加以攘手，孤短更要知道分寸。長手是先予之，後手是必取之。予中藏引，屈取實攻。長手謂之大手，短手謂之小手。大則渾圓，小則繁纏。大手要有力，小手要懂勁。大則無限大，小則無量小。小是通微，大是顯化。

　　武當所傳，正大光明，不偏不倚，更無內外家之分。

內家外家所練之法，同源不二。長拳有長拳的優點，短打有短打的特殊功能，散之單用，聚之雙行，不必各持己見，強分內外。須知外主武，內主文，文武之道，人人有之，不可因人而分彼此。忽而說此好，忽而說彼強。此乃無謂之爭，為名家高手所不屑也。

第二十二節　武當左右手雙練太乙三光刀

1. 懷中抱月　　2. 亮刀　　3. 撩陰刀　　4. 順風掃葉
5. 攔腰刀　　　6. 翻身刀　7. 腋裏藏刀　8. 掏心刀
9. 三華聚頂　10. 截腕　11. 攔封刀　12. 推抹刀
13. 上步摟膝、撤步護肩　14. 轉身刀　15. 回身刺
16. 換劍騰空　　　　　　　17. 上步刺換手回身刺
18. 旋風盤雲式　　　　　　19. 磨盤刀
20. 撤身過步繞身刀　　　　21. 挑腹　　22. 圈步刺
28. 退步撩陰　　　　　　　24. 合手抱刀收式

第二十三節　武當天風劍十三勢

1. 舉手請神　2. 撕手分劍　3. 獨立瑤天　4. 進步撩陰
5. 順風旗　　6. 玉帶橫　　7. 回身劈　　8. 恨福來遲
9. 青龍探爪　10. 蘇秦背劍　鳳凰回巢　　11. 野馬奔
12. 平橫推劍　13. 秦王繞柱　回肘收劍

附　註

以上劍法係三十六劍之首一段，以下殘缺，無法追寫，希望前輩大師補正是幸。且此劍為短劍，長僅尺八

寸，由地起將過膝上，如孩童玩物之劍。然劍訣與普遍劍之訣更不一樣。

此劍專憑手上功夫和內勁，劍以護身，訣能傷人，以點刺爲主，身法忌直挺，工於屈曲之道，伸縮抽拔，每無定形，似不會又似甚精，沒頭沒尾，一團白光，劍不到而鋒風先至，專取二目，刺喉斬頭，乃武當內家一絕也。余家傳至今已十七代矣，僅六代先祖精於斯道，現在此技已絕，良可惜也。

第二十四節 抄本太極拳內操功法

吾家藏抄本《太極拳輯要》四卷，幾經滄桑，僅剩殘篇斷簡，每每憶及，令人痛心，善本未傳，愧對後人，因此按照所得要領，列目追寫，以供同道。太極拳雖出於後人所創，但其源於武當十三勢，開始尚能遵守三豐遺教，降至近代群賢輩出，傳播日廣，各有見地，各說各理，加之年代久遠，越傳越謬，殆失武當真面目，重套路輕內操，以致捨本求末。

現在追寫功法，可能與一般不同，希望閱者詳參，萬勿魚目混珠，而誤己誤人，謹陳忠言，以表愚誠焉。

一、周身大用篇

太極拳法妙無窮，掤捋擠按雀尾生。
斜走單鞭胸前站，回身得手把著封。
海底撈月亮翅變，挑打軟肋不留情。
摟膝拗步斜中找，手揮琵琶穿化精。

貼身靠進橫肘上，護中反打又稱雄。
進步履攬肘下使，如鎖似閉護正中。
十字手法變不盡，抱虎歸山採捌成。
肘底看錘護中手，退行三把倒轉肱。
墜身反走搬挽勁，斜飛著法用不空。
海底針要躬身就，扇通臂上托穿攻。
撇身錘打閃化勢，橫身前進著法成。
腕中反有擒拿法，雲手三進臂上攻，
高探馬上攔下刺，左右分腳手要封。
轉身蹬腳腹上鑽，進步栽錘迎面衝。
反身白蛇吐信變，採住敵手取雙睛。
右蹬腳上軟肋踹，左右披手伏虎精。
上打正胸肋下用，雙風貫耳著法靈。
左蹬腳踹右蹬式，回身蹬腳膝骨迎。
野馬分鬃攻腕下，玉女穿梭四角封。
搖化單臂托手上，左右用法一般同。
單鞭下式順鋒入，金雞獨立站上風。
提膝上打致命處，下傷二足不留情。
十字腿法軟骨斷，指襠錘下靠為鋒。
上步七星架手勢，退步胯虎閃正中。
轉身擺蓮護腿法，彎弓射虎挑打胸。
如封似閉顧盼定，太極合手勢完成。
全體大用意為主，體輕氣圓神要凝。

附　言

此篇內勁，源本出於字拳，故列入內家。

二、十三勢操手要訣

逢手遇掤沒用盤，沾黏不離得著難。
閉掤要上採捯法，二把得勢急無緩。
按定四隅正方變，觸手即粘先上先。
推擠二法趁機使，肘靠攻到腳跟前。
遇機得勢進退走，三前七星顧盼間。
用身實力意中定，聽探順化神氣關。
身實不上得攻手，何日功夫四體全。
操練不按體中用，修到終期藝難精。

此乃自練我內勁之功法也。要在「修」字上下工夫，不是推手。須知二人推手日久養成等待的毛病，遇敵容易被對方擺佈，不見敵手不敢出手，以致受制於人。切記！切記！

三、八法五步練功須知

掤手兩臂要圓撐，動靜虛實任意攻。
搭手捋開擠掌使，敵欲進著實難逞。
按手用招似傾倒，二把來往不放鬆。
來勢兇猛捯手用，肘靠隨時任意行。
進退返側應機走，何怕敵人藝業精。
遇敵上前迫近打，顧住三前盼七星。
敵人逼近來打我，閃開正中定橫衝。
太極十三字中法，精意揣摸妙更生。

以上乃是解釋八法五步也。如欲精進，須詳參武當內功發手：

（1）掤要撐　　（2）捋要輕　　（3）擠要橫
（4）按要攻　　（5）採要實　　（6）挒要精
（7）肘要衝　　（8）靠要崩

勁由內發，勢以手行，注意是神不是氣，是神力相合之力也。

四、武當修真二十字訣

武當修真二十字訣即：一披、二閃、三擔、四搓、五歇、六沾、七隨、八勾、九拿、十搬、十一軟、十二掤、十三摟、十四催、十五掩、十六撮、十七墜、十八繼、十九擠、二十攤。用以上二十字訣作出冠頂五字經爲：

披從側方入，閃展無全空，擔化對方力，
搓摩試其功，歇含力蓄使，沾黏不離宗，
隨進隨退走，勾意沒放鬆，拿閃敵血脈，
搬挽順勢封，軟非用挫力，掤臂要圓撐，
摟進圓活力，催堅截敵鋒，掩護敵猛入，
撮點致命攻，墜肘牽挽勢，繼續勿虛空，
擠他虛實現，攤開即成功。

五、動機十八在

歌曰

一掤在兩臂，二捋在掌中，三擠在手背，
四按在腰攻，五採在十指，六挒在兩肱，

七肘在曲使，八靠在肩胸，九進在雲手，

十退在轉肱，十一顧在三前，十二盼在七星，

十三定在有隙，十四中在得橫，十五滯在雙重，

十六通在單輕，十七虛在當守，十八實在必衝。

　　太極拳源本出於十三勢，下面談談十三勢與二十四字訣（字拳）的對證，說明太極拳列入武當的關係。武當內功，開端基本功就是十三勢，與二十四字訣，都是取法於河圖、洛書，以天地大衍五十五數字而排演。天陽用一三五七九而成二十五，地陰用二四六八十而成三十，飛宮於八卦。一三七九列於四正而五居中，謂之衍母，二四六八列於四隅而十居中，謂之衍子。掤九捋一，擠三按七，二四採挒，六八肘靠，此即所謂太極八勢也。

　　地底在中為質，所以每一行動必須首先在地畫一十字，然後在十字上定方位，前則是進，後乃是退。左則顧之，右則盼之，中間立即停止，此之謂太極五步也。

　　合而成太極十三勢，此外並無套路。因之過於深奧而玄虛，令人無從下手，雖有後人依據十三勢編成套路（即太極拳）便於行功，然已失去十三勢之本來面目，並產生各種毛病，竟偏於柔而不知與緩之不同；偏於力而不察與氣之不同；偏於外形而不審與內練之不同；偏於推手而不知與操手之別。因人取力，日久形成等待人發而己方出，非有人支架而無獨裁之能，只能活血健身而不能用於制敵，這謂之學而不能用也。

　　武當內家功法是專講用，用其當用，不取人願而媚俗，雖練武而實修道也。

第二章 二十四字訣圖解

第一節 圖解指南

圖解有文武兩種說法,謂之文本武本。

文本取法於自然乃修真之本也。武本取法於字乃技擊之道也。必須先修真以求道,然後由道法而出拳術。所以圖解分別解釋,一本說文,一本論武。以文理證武功,以武功顯文理,兩者並重,不能偏用。偏於武則有形有質而無內功;偏於文者則無著無落而不能用。必須精於內熟於外方能致用。

圖本於字,以字形為體,以筆劃為用。先立其體後顯其用。體有方圓,用有剛柔,體用之道均在字中。圖是字是畫,要仔細求。不是看圖即是拳。因此最忌求套路也。

字拳乃武當特種功能也。欲知其詳必讀淵源論,又名總論。

一、淵源論

淵源論必須知造化,先造後化,沒造依何而化?天地能生萬物,而不是造萬物。人能造萬物而不是生萬物。造物與生物有本末之分。生萬物是本,造萬物是末。本是能源,末是功能,沒有能源那有功能。能源出於自然,功能出於變化。自然有五方,功能有五行。由五方生五行。五方有定位,五行則無常形。這樣乃能生生化化。

字有定形，劃則無常形。定靜則生，運動則化。所以
字拳出於字之靜定，招法出於劃之運動。拳無字則不能靜
定。無劃則不能出招法。圖解則本於此。靜講天干地支
（此乃法天地也），動講五行八卦（此乃法周易也）。內
勁合天地，外力同河洛。此中有數有術。數有奇偶，術有
正斜。一字一劃離不開數與術，如此有字即成拳。不僅合
於造化與動靜，而且合於物與務。所以易云：「遠取諸
物，近取諸身。」此即化化生生之道焉。

二、方圓互用論

天本屬圓，地本屬方。但是一行一動則方圓顛倒，順
則上出頭下則尾隨。天是空間，地是時間，視之無物，空
空洞洞。其實空而不空。天上有雲，地上有氣，氣與雲各
有作用，雲在圓天而行方。東雲向西，西雲向東，北雲向
南，南雲向北。這是圓而反方也。

六書變化亦即如此。氣在地中而行圓。春去夏來，夏
去秋來，秋去冬來。春氣溫，夏氣熱，秋氣涼，冬氣寒，
這是寒來暑往，方而反圓也。可謂天翻地覆也。此乃方圓
交換互用也（六書之六體反覆如此）。

字拳亦即方圓之道也。圓出柔勁，方出剛勁，亦方亦
圓，乃柔乃剛。劃雖直指，運動必屈。並非平板直出直
入。直剛必脆，脆必折，自取被制，武者最忌。

詳看字圖自能明瞭，例如，字解每字外都畫有方圓括
弧即此意也。

三、寫字八法練掌論（武當掌功）

（1）單必背（豎也）；（2）雙必鑽（橫也）；（3）轉必搖（撇也）；（4）順必閃（捺也）；（5）浮沉必俯仰；（6）起立必托槍；（7）吞吐必運手；（8）回轉必庹身。此即武當基本功運手八掌也（用於圖解武本）。

四、三要三不要

1.三　要
一要取法於寫字。二要懂執筆的內勁。三要知字裏有拳。

2.三不要
一不要將字看成套路。二不要追求在筆劃中找架勢。三不要輕視文不能武。

第二節　二十四字拳的法象

有拳無象謂之癡，有象無拳謂之呆，內含三椿和三拳，拳象真意心自知。

一、三椿三拳

1.三椿者
一曰降龍椿，二曰伏虎椿，三曰守神椿。

2.三拳者
一是鑽拳，二是裹拳，三是箭拳。

二、拳中含有十一像

一飛龍，二嬌鳳，三急蹄馬，四醉熊，五靈通猿，六瞪眼牛，七威猛虎，八醒獅，九遊蛇，十鬥雞，十一文象。字裏有法象，象現即是拳。武藝與道藝就是拳的功法。

武藝講姿勢，道藝講法象。法象與姿勢合用才有功能。功能出於招術。茲將各招名詞詳列於此。

1. 飛龍拳內有五招

一曰張牙舞爪；二曰青龍出水；三曰懶龍臥道；四曰烏龍翻江；五曰龍騰遐舉。其勁為攏也。

2. 嬌鳳拳內有四招

一曰單鳳朝陽；二曰雙鳳展翅；三曰鳳凰還窠；四曰鳳落梧桐。其勁封也。

3. 急蹄馬內有四招

一曰野馬分鬃；二曰野馬銜韁；三曰野馬背韁；四曰前踢後蹬；五曰萬馬奔騰（分鬃是後加的）。

4. 醉熊拳內有三招

一曰醉熊擺身；二曰肘肩浪步；三曰舉頂擊樹。其勁為墜。

5. 靈通猿拳內有七招

一曰白猿獻果；二曰封侯卦印；三曰單雙刁手；四曰蹬枝墜枝；五曰扒杆推身；六曰擺耍百打；七曰擺顧百發。

6. 瞪眼牛拳內有五招

一曰野牛衝陣；二曰鬥牛瘋狂；三曰驚牛鬥虎；四曰

芒牛翻身；五曰烈牛驚奔。其勁扭也。

7. 威猛虎拳內有三招

一曰餓虎捕食；二曰伏虎打盹；三曰轉身一撲二剪三掀打。其勁護也。

8. 醒獅拳內有五招

一曰獅窺；二曰獅吼；三曰獅抖毛；四曰獅怒；五曰獅捲風。其勁撕也。

9. 遊蛇拳內有十三招

一曰蛇盤；二曰蛇繞；三曰蛇屈；四曰蛇伸；五曰蛇進；六曰蛇退；七曰蛇剛；八曰蛇柔；九曰蛇縮身而起；十曰蛇藏身而落；十一曰蛇伏草；十二曰蛇吐信；十三曰蛇化閃。其勁攝也。

10. 鬥雞拳內有七招

一曰金雞司鳴；二曰金雞上架；三曰金雞行步；四曰金雞奔跑；五曰金雞起鑽；六曰金雞落翻；七曰金雞雙鬥（後加金雞抖翎）。其勁金者緊也，鬥者抖也。

11. 文象拳內有五招

一曰象靜；二曰象捲；三曰象甩鼻；四曰象踏；五曰象發怒。其勁盤捲也。

三、拳　義

大凡武術，分為內外兩家。並有武藝與道藝之分。練武者只重姿勢，往往忽視內勁。煉道者偏重於內勁和內玄，姿勢其次也。兩藝煉法雖有不同，但都以樁法為基礎。心中不用力，虛其心而實其腹，使意與氣（丹田之氣）和，乃能進退靈通，毫無阻礙，不滯不窒。進則直

發，百發百中。退則飄然而返，如鳥歸巢。

　　演練時要心中空空洞洞，無束無拘，總使姿勢千變萬化，但要不勉而中（不求而中），不思而得。拳無拳，藝無藝，不動無意動有意，無意之中求真意。心無心則心空也，身無身則身空也，空而不空就在一個「靈」字。一動一靜，一屈一伸。手要起落翻轉，身要移挪縱橫。圓裏求直，先圈後發，不逼人過急，多多注意自衛。隨時應付，自然自發抗力（乃無中之發也）。

四、功　能

　　三樁、三拳乃基本功夫。拳分鑽、裏、箭，時時不離三樁，樁即是拳，拳也是樁。拳與樁均出於圓，圓而無角，才是正宗。要知道直角尖銳，容易受制。不要直線，要走弧形。不許心急總要由慢而快，由漸而入。此中單崩雙崩，還有雙劈雙揮雙搊各手法，招裏變招，勢裏化勢，千變萬化，都在象中。

　　圈圈繞繞通身好似陀螺一樣。平時要多練走圈，方能顯出三拳，腳必內扣，手必外裏，一轉一裏是腳尖著地。前腳出，後腳隨。橫手要按上中下三盤在周身上面指揮，旋轉不已，先裏後發。上發雙劈手，中發雙揮手，下發雙搊手。長手也能縮短，短手更能化長。都要堅守肩肘腰胯膝的用法。不拘形式，不要拘束，必須自然而然地旋轉，要找準了中平上高下低三個規律，由上高而中平，由中平而入下低。越低越見功夫。膝屈最低不得超過九十度。以防過老失勢。步步有法，手上才能易於變化。照此練好，再求十遇十剋。

五、十遇十剋

1. 十遇者（十遇者即遇敵之性者）

一強，二弱，三剛，四直，五猛，六正，七斜，八手，九銳，十柔。

2. 十剋者（十剋者即剋制十遇之法也）

一智，二擒，三柔，四閃，五化，六轉，七走，八顧，九圓，十剛。

六、用　法

遇強智取，遇弱活擒，遇剛用柔，遇直必閃，遇猛則化，遇正則轉，遇斜必走，遇手則顧，遇銳用圓，遇柔則剛；此之謂剋敵十法也。

七、手　法

外用五指曰神會，內用六掌曰氣合。又叫意與神會，力與氣合，乃不神之神，無力之力也。步到手到必用十字之訣。

八、十　訣

一曰快，二曰慢，三曰醉，四曰醒，五曰驚，六曰援，七曰引，八曰攝，九曰鬥，十曰定。用法、訣法玄妙都在圓圈中，手要圈，步要裹，一動一靜，一屈一伸，日久通靈。

九、武當打穴功

武當打穴功法，計分四段約有二十四穴。第一段頭部五穴。第二段臂部十穴（雙者在內）。第三段胸部四穴。第四段腿部五穴。

1. 頭上五穴

太陽、天容、鳳府、天柱、廉泉。

2. 臂上十穴

肩井、巨骨、臂臑、五里、曲池、少海、曲澤、陽池、脈腕、陽谷。

3. 胸前四穴

期門、章門、鳳尾、精促。

4. 腿上五穴

血海、委中、公孫、築賓、湧泉。此二十四穴僅係摘要，此外尚有其他諸穴，學者可自參也。

其他各門往往都說點穴，而武當拳宗則謂之打穴。須知點與打不同，乃是兩回事，使法不同，用力各異。

點者丟而點之，用的是透勁。其力甚微，容易脫手無效。打者，是拍而打之，用的震勁。其力放大摧堅，萬無一失。故曰打而不說點。打時要用潛聲取力，不是蠻打硬撞也。只因取穴喪人性命太殘酷，故多不傳。

十、知造化

天本屬圓，地本屬方，但是一運一動則方圓互用天地翻覆。天是空間，地是時間。視之無物，乃空洞無著。其實空而不空，天上有風，地下有氣。風在圓天之中而形立

方。東風長向西，西風長向東；北風則向南，四風用其三，謂之面南稱王。此乃由圓反方也。

氣在地中而行圓，春去夏來，夏去秋來，秋去多來。春氣溫，夏氣熱，秋氣涼，冬氣寒。寒來暑往乃是由方而翻圓。謂之天翻地覆也。雖然反覆，其實是方圓交換也。空間上順則出風頭，下順則出氣尾，一上一下造化生焉。所以天地生萬物，不可不知。

道者法天則地，利用造化之顛倒而修煉，即本於此。

十一、雙啓雙誘

何謂雙啓？一曰啓示，二曰啓發。何謂雙誘？先起誘導，後起誘惑。視（事）物（務）求道均由是起。爲師授徒，首先要知如何啓示，如何啓發。次當審查，是怎樣起誘導性，怎樣起誘惑性。要分析啓示與啓發之不同，次則要辨別誘導與誘惑之各異。此中有應用者用之，不應用者則揚棄之。

總之要先啓示後啓發。啓示其重點，啓發其全面，誘導其自覺，不令其惑於偏差。如是事可明，道可修矣。否則爲師者瞎教，爲徒者盲從，誤己誤人，爲害非淺，文武宗師慎之慎之。

十二、神仙語

天仙大乘，五氣朝元。五氣過三關化一元，五火落三田化五氣。五氣朝元，青紅相生，紫氣東來。

練法：「五神在頭，五氣在心，五性在腳。性宜內固，神宜內斂，氣宜內聚。斂而後聚，聚而後固。聚聚斂

斂固固道乃成。」又曰：「子午相沖天門開，丑未相沖地氣來。寅申相沖生萬物，一沖一動化三才。」

十三、認　門

無論內外家以及各拳種，都有門戶之別。因之各有各的門。遇敵時總要亮相開門。依雙方各自來說，對門就是敵人。所以武者首先要懂得認門。要知自己之門，而後再認對方之門。把自己看成生門，敵人是死門。生門屬陽，死門屬陰。門有門楣、門檻、門閂、門鼻之分（即俗所謂門檻也）。門有戶樞（合於天樞地軸）（俗稱門能）。門有封閉、展開之別。要封自己的門，打破對方的門。自門要半掩半開不露形藏。只要敵門一開必露其相，及時搗隙，就用抓拿截閉，點打擒攞而破其門，使其無法封閉，定能取勝。

平時要多練踩門。門裏能鑽（轉軸），門外能圈，軸能定神，神居殿下（術語）。門有文武，在左為武門，居右為文門，文柔武剛，文縱武橫。上由門楣出手，下打門檻，中由門鼻左右雙手開門閂（門閂）。內裏能裏，向外必發。上則雙劈，下則雙拓，中則雙撣。謂之門上六手。

訣法是內要緊外要鬆。必須裏得緊鬆到家，才有威力。身不裏不靈，肘不裏無力，手不裏無鋒。要記住橫封豎打，橫捲縱舒，要練到周身裏手腳快。自己門清方能克制對門（敵方）。使敵無門可出，沒門可入，關閉由我，使敵被動。主要在於一個鑽字，一個裏字。離乎此總使兇猛則是瞎打，以致無所措手，取敗之由也。

認門之道視之最簡，聽之更俗，往往為武者所不齒，竟致妙法絕跡，良可惜也。我祖遺囑曰：千萬不要一生學

武始終不得其門。不得其門，安能入門；不入其門則藝不成。切記！切記！

十四、武當法器（字門秘訣）

以氣成大器，以乾坤爲基，以天地成形，以坎離成物。水火相照，日月同明。取法自然即是大道，仙人如此，乃成大器（圖2-1）。

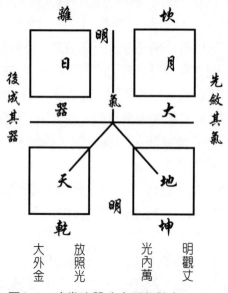

圖2-1 武當法器（字門秘訣）

第三節 神劍門二十四字訣注釋

字本形方，而氣行圓。此圓布氣，以方出神。剛柔施於筆劃，而成其字。拳術勁圓力方，剛柔用於技擊，文武

相似，如出一轍。因之有字都能成拳，此二十四字訣之由來也。茲將二十四字一一加以注釋，以利後學。學無止境，仍望學者誠心發揚武道，深研而廣之。

一、知方曉圓

圓者空間也，是天干。方者時間也，是地支。圓有度，方有位。圓者周邊三百六十度，一分爲二各有一百八十度。二分爲四各有九十度。統謂之周天三百六十度。方者六位，前方、後方、左方、右方、上方、下方。各方爲數六，六六三十六總謂之六六三十六宮也。

方圓既爲空間、時間，自然天空地虛，出於無心乃謂之間。二十四字在未寫出時叫空間，既已成字必須時刻寫成，遂謂之時間。方字圓氣謂之寫，寫必由點劃而出，所以逃不出方位圓度。什麼是方？什麼是圓？如圖2-2至圖2-4。

二、方　圖

方者，依據先天奇偶之數而分列，陽生於內，陰長於外。四偶由四角伸出與中間之奇數平，而成方者也。是後天之學，爲字之形（方塊字）。字雖方而氣實圓，因此字拳必先練揮圓用方，即道者所謂知圓者方也（圖2-2）。

三、圓　圖

圓者元也，乃太初之元始，如環之無端，陰陽藏於內，奇偶數混合周布（謂之混元），是先天之學，爲字之氣（圖2-3）。

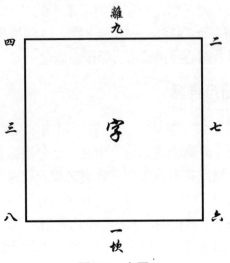

圖2-2　方圖

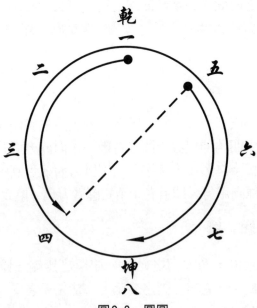

圖2-3　圓圖

四、方圓之合圖（圖2-4）

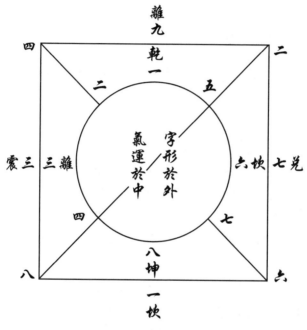

圖2-4　方圓合圖

第四節　神劍門二十四字訣圖解

一、二十四字訣原文

上大人孔乙己，化三千七十士，
爾小生八九子，佳作仁可知禮。

註：開頭加一「正」字，中間加一「中」字，收尾加

一「也」字，共計二十七字。按春夏秋冬四季劃分，每季
六個字，即每字代表一個節氣。而「正」代表天；「中」
代表人；「也」代表地。依字而練，玄妙即在字中。

二、字　意

正：正以觀之，靜以求之。（靜觀皆自得5筆）

上：上以引之，下以挫之。（3筆）

大：大以遠之，遠而揚之。（3筆）（揚棄也）

人：人剛我柔，人進我退。（2筆）

孔：四角四腋，無孔不入。（4筆）

乙：乙上龍氣，下則虎氣。（2筆）

己：不求諸人，而求諸己。（3筆）

化：潛而移之，默而化之。（4筆）

三：三起三落，三進三退。（3筆）

千：千變萬化，四兩千斤。（3筆）

七：七巧成圖，摘星換斗。（2筆）

十：熊有十力，如抱如坐。（2筆）

士：智者稱士，乃文乃武。（3筆）

爾：爾也敢動，無所畏乎。（5筆）

小：小心栩栩，不憂不慮。（3筆）

生：生死在我，概不由你。（5筆）

八：八法在手，隨心所欲。（2筆）

九：九劍飛行，斬邪除妖。（2筆）

子：子午相會，天地通矣。（3筆）

佳：佳侶相伴，明刑相望。（8筆）（德明）

作：聖人作之，而與天同。（7筆）

仁：仁而有信，信而能誠。（4筆）

可：可有可無，自來自去。（5筆）

知：知止不殆，退而後已。（8筆）

禮：一舉一動，敬盡以禮。（5筆）

也：守雌不雄，以致柔也。（3筆）（尾字）

中：中立不倚，通天徹也。（4筆）

三、招式名稱（首尾中三字不錄）

1. 上：上步七星
2. 大：天翻地覆
3. 人：軟硬剪手
4. 孔：四穿手
5. 乙：陰陽撝手
6. 己：鯤滾鵬飛
7. 化：五行化形
8. 三：弄風三轉
9. 千：千變萬化
10. 七：夜觀星斗
11. 十：腋裏藏花
12. 士：國士無雙
13. 爾：童子拜佛
14. 小：哪吒鬧海
15. 生：蛟龍出水
16. 八：白虎跳澗
17. 九：青龍翻雲
18. 子：燕子回巢
19. 佳：流星趕月
20. 作：風擺荷葉
21. 仁：天地交泰
22. 可：大鬧天宮
23. 知：見隱顯微
24. 禮：尊師愛友

四、江湖慣用的名稱

1. 上：七星手
2. 大：翻天手
3. 人：雙剪手
4. 孔：滾龍手
5. 乙：龍虎手
6. 己：雙展手
7. 化：五行手
8. 三：長蛇弄風

9. 千：神工手　　　　10. 七：魁星點斗

11. 十：通臂四手　　　12. 士：單圈捉

13. 爾：抓肩截腿　　　14. 小：雞蹬步

15. 生：雙攏手　　　　16. 八：撲拿手

17. 九：大裹大纏　　　18. 子：回身雙踢

19. 佳：披身掌　　　　20. 作：封化手

21. 仁：托天按地　　　22. 可：追魂手

23. 知：鬼見愁　　　　24. 禮：笑裏刀

名詞對照表

太乙神劍門原名詞	江湖慣用名詞	太乙神劍門原名詞	江湖慣用名詞
1. 上：上步七星	1. 上：七星手	13. 爾：童子拜佛	13. 爾：抓肩截腿
2. 大：天翻地覆	2. 大：翻天手	14. 小：哪吒鬧海	14. 小：雞蹬步
3. 人：軟硬剪手	3. 人：雙剪手	15. 生：蛟龍出水	15. 生：雙攏手
4. 孔：四穿手	4. 孔：滾龍手	16. 八：白虎跳澗	16. 八：撲拿手
5. 乙：陰陽搨手	5. 乙：龍虎手	17. 九：青龍翻雲	17. 九：大裹大纏
6. 己：鯤滾鵬飛	6. 己：雙展手	18. 子：燕子回巢	18. 子：回身雙踢
7. 化：五行化形	7. 化：五行手	19. 佳：流星趕月	19. 佳：披身掌
8. 三：弄風三轉	8. 三：長蛇弄風	20. 作：風擺荷葉	20. 作：封化手
9. 千：千變萬化	9. 千：神工手	21. 仁：天地交泰	21. 仁：托天按地
10. 七：夜觀星斗	10. 七：魁星點斗	22. 可：大鬧天宮	22. 可：追魂手
11. 十：腋裏藏花	11. 十：通臂四手	23. 知：見隱顯微	23. 知：鬼見愁
12. 士：國士無雙	12. 士：單圈捉	24. 禮：尊師愛友	24. 禮：笑裏刀

　　以上已將字的全文、字的意義、招式名詞（並列對照表）完全詳述外。謹將筆劃的行動在每個字圖上，按照原文的次序一一釋注，以供同好者易於練習。

五、釋 圖（圖2-5至2-34）

耳目通靈，有字無我。無心心空。無身身空。無我我空。字行於三空，空空洞洞，自然而然。

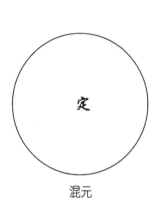

混元

圖2-5　原始圖一

儀極

圖2-6　原始圖二

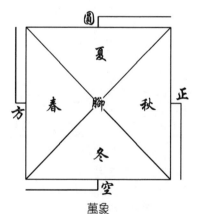

萬象

春夏秋冬　各有六字

行方（另有點打圖）列後

圖2-7　原始圖三

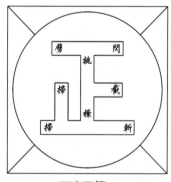

正字五筆

1. 上橫閃劈　　　2. 中豎挑撩
3. 右小橫截　　　4. 左小豎下塌
5. 下橫左撳右斬方圓變化可以加手

圖2-8　正字

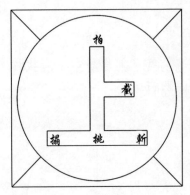

上字三筆

1. 中豎上拍下挑　2. 右小橫橫截

3. 下橫左右斬方圓自己找，內外要
　　分明

圖2-9　上字

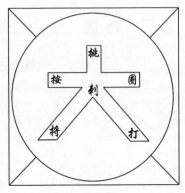

大字三筆

1. 一橫左按右圈　2. 一撇上挑下捋

3. 一捺刺心右下反打大手大腳揮灑
　　自如

圖2-10　大字

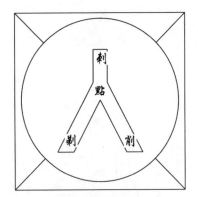

人字二筆

1. 合手刺下剃　2. 點心右下削
雙手分合軟硬剪，此中有內工

圖2-11　人字

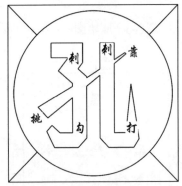

孔字四筆

1. 右手勻回腕刺喉

2. 一豎勻先勻後挑

3. 左手暗挑反肩靠打

4. 一豎彎勻，右手刺出，換左手反
　　打四面轉用，如封似閉

圖2-12　孔字

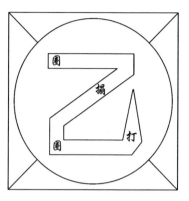

乙字二筆

1. 右手橫圈胸前搧

2. 接換右手反圈打乙者一也，要一
  氣呵成

圖2-13 乙字

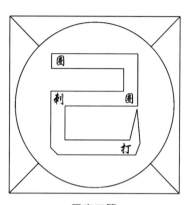

己字三筆

1. 先右橫圈 2. 橫左反圈

3. 大彎勾前刺反身打反身倒步追敵
  難逃，須知越快越有威力

圖2-14 己字

化字四筆

1. 一掃剪腕 2. 一豎肘下點刺

3. 一長掃大将

4. 一彎勾上抖反打主要是化法虛中
  求實，招式不可太老

圖2-15 化字

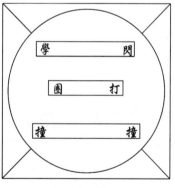

三字三筆

1. 左手出掌右手圈閃

2. 左手圈右手打

3. 左右手雙圈雙撞左圈連環圈進退
  閃打，手動身隨步轉輕靈緩

圖2-16 三字

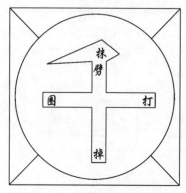

千字三筆

1. 一掃向上抹眉　2. 一橫圈打
3. 一豎直劈掉尾前手的用法及後手倒掉要裹得緊揮得圓

圖2-17　千字

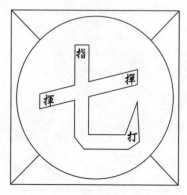

七字二筆

1. 右手斜揮上撣
2. 左手上指反臂打筆雖少而力大，一揮一打，貴在內勁一動無不動

圖2-18　七字

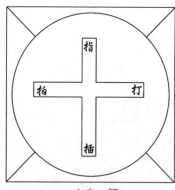

十字二筆

1. 一橫左拍右圈打
2. 依圈上指變豎下插撈一拍一打一圈一插，要轉鑽

圖2-19　十字

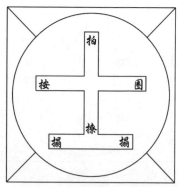

士字三筆

1. 一橫左按右圈　2. 一豎上拍下撩
3. 一橫左右撈合雙正重胸前穩不偏倚，雍容大度，真名士地

圖2-20　士字

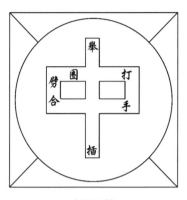

中字四筆

1. 左一劈　2. 右一圈一打
3. 雙合手　4. 上托練雙圈手及合手
　勁，還可以合手圈

圖2-21　中字

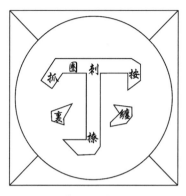

尔字五筆

1. 左一抓　　2. 右圈一按
3. 上刺下撩　4. 左裹腿
5. 右纏腿上圈按下裹纏連踢帶打，
　好似野馬奔槽，多短少長

圖2-22　爾字

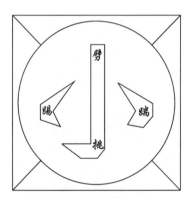

小字四筆

1. 上劈下挑　2. 左踢
3. 右連踹涵胸屈身左右連環，兩腳
　齊發，宜於下取

圖2-23　小字

生字五筆

1. 左削肩　　　　2. 右橫圈
3. 隨圈上探下坐　4. 左反圈
5. 左右分截起落有法內外分明，雖
　是一體要有開合

圖2-24　生字

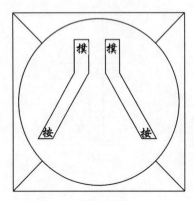

八字二筆

1. 雙撲　　2. 雙按

看來很簡單實作則不易，貴在身法
一撲一按要　起三落，要穩準狠

圖2-25　八字

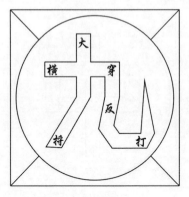

九字二筆

1. 右手左撇大捋

2. 左手右橫穿反臂打必須扔揚抖搜
　之力，大開大合左右逢源

圖2-26　九字

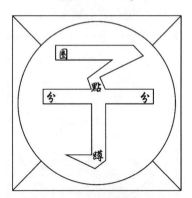

子字三筆

1. 先圈後回手點　2. 豎下蹲

3. 左右分手偷腿（加腿不露腿謂之
　偷腿）明點暗踢，分手護腿，重
　點在於一蹲，蹲穩再偷，彷彿下
　勢

圖2-27　子字

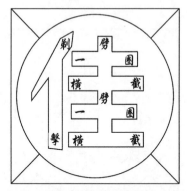

佳字八筆（六動）

1. 一掃剃　2. 一豎擊　3. 一圈一劈

4. 一橫截　5. 一圈一劈

6. 一橫截此乃連環手也，招式緊湊
　內功短手

圖2-28　佳字

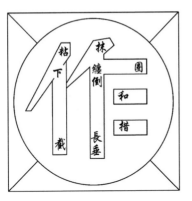

作字七筆

1.撇粘　2.撇下暗截　3.掃抹　4.橫圈
（纏）5.倒反長垂　6.左扣　7.右措
所謂倒長垂者係手由背後、腦前垂下
也，獼猴之倒臂也，要通體皆靈

圖2-29　作字

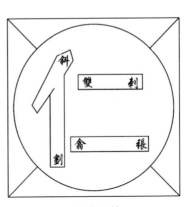

仁字四筆

1. 斜描　　2. 正划
3. 雙刺　　4. 翕張
仁者主柔不逞強而示弱，誘敵法也

圖2-30　仁字

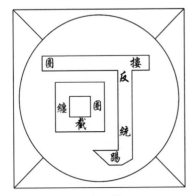

可字五筆

1. 圈　　　2. 二纏　　　3. 截手
4. 外圈摟　5. 反繞一踢
此乃先圈後圈反臂踢腿也，敗中取
勝，可以救命

圖2-31　可字

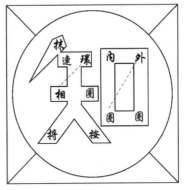

知字八筆（五動）

1. 一抹　2. 二連環　3. 左捋
4. 古按　5. 兩手內外圈
一觸即覺急而快不許還手，如矢之
中萬無一失

圖2-32　知字

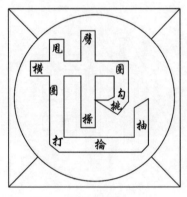

礼字六筆   也字三筆

1. 合十一刓(五動) 2. 一圈一捋   1. 橫圈勾挑   2. 上劈下撩

3. 一搨一點 4. 右前探下閃   3. 甩打掄抽

5. 左手反打   也字用於步法以及身法，要時時練

先禮示弱然後發威笑而殺之，所以   不可間斷，俗說叫貓捉尾巴

叫笑裏刀

圖2-33 礼字   圖2-20 士字

六、點打圖（圖2-35）

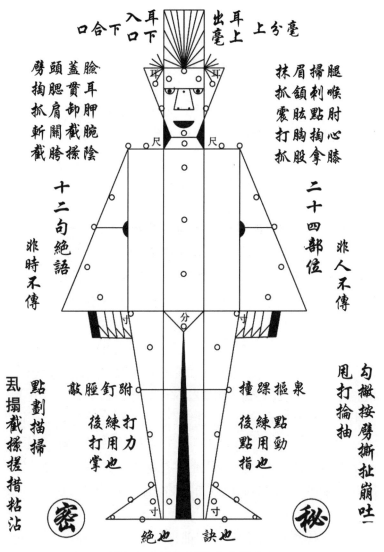

圖2-35　點打圖（穴在其中）

第五節　飛　劍

空空，我空我即無，無我乃眞空。眞空是劍仙。

五方為劍，五光為鋒。沒遠沒近。潛聲而至，行之無影無形。

飛劍除奸，潛聲行刑。此動彼應，刺喉再查首。

飛劍傳書，隨聲而至。此呼彼應，互通消息。

第六節　開　鎖

（開鎖）**圖譜總釋十二功圖的根末**（秘笈）

河圖洛書兩點出數。白點出陽數，黑點出陰數。因之數有奇偶。構成大衍，分天地。天陽數五，一三五七九。地陰數五，二四六八十。天上有五行，火水木金土。地上有五方，東西南北中。五行生五色，五方生五聲。五色化五光，五聲合五音。聲巨成五雷，光閃成五電。乾坤和合謂之太和生於八卦。天地運行謂之太歲出於八節。天地均起於五，天數五個五，地數六個五。五五二十五，六五三十正。五個五加六個五，共爲五十五，乃大衍五個十一而成五十五。乾坤以水火爲本，天地以陰陽爲根。乾坤出入四化雷雨風雲，天地陰陽四立春夏秋冬。修道練武必須掌握乾坤水火，天地陰陽，乃能知造化，曉玄機，方得十二功之妙。

下列各圖均在此中，仔細探索，一步一驅，不可超越。練好一功再練二功。三至十二順序而行。圓滿之日練

到空空。空空洞洞，達於神明，謂之玄功，至此為止，止
其所止，萬勿再行，神乎仙乎，成於冥冥在下圖譜中求。

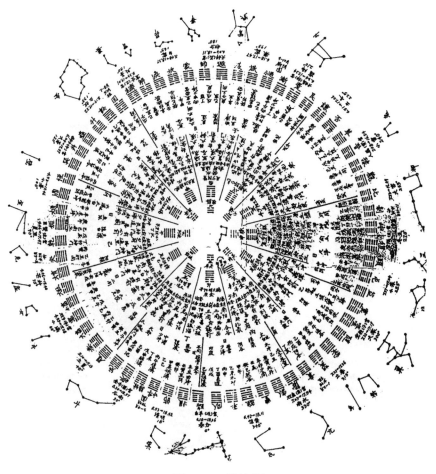

圖2-36　星宿圖

第七節 圖 譜

一、太極圖（圖2-37）

陰陽，千變萬化，不離其宗

圖2-37 太極圖

二、天機圖一（圖2-38）

日顯為晝，月顯為夜

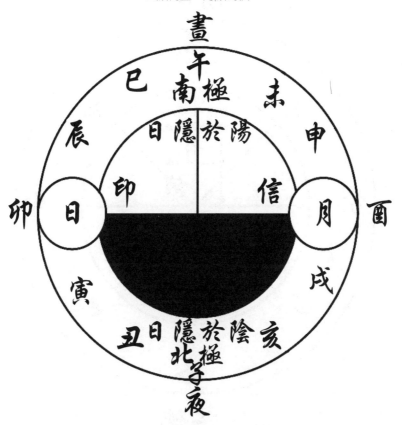

法天則地：天地合德乃神交，陰陽相感乃形交。
地澤臨、地天泰乃旭日東升，日月同明。

圖2-38　天機圖一

三、天機圖二（圖2-39）

斗柄神施，十二月地氣開

斗柄指於東，一二三月謂之春　　斗柄指於南，四五六月謂之夏
斗柄指於西，七八九月謂之秋　　斗柄指於北，十冬臘月謂之冬

圖2-39　天機圖二

四、三清圖（圖2-40）

圖2-40　三清圖

五、數道圖（圖2-41至圖2-43）

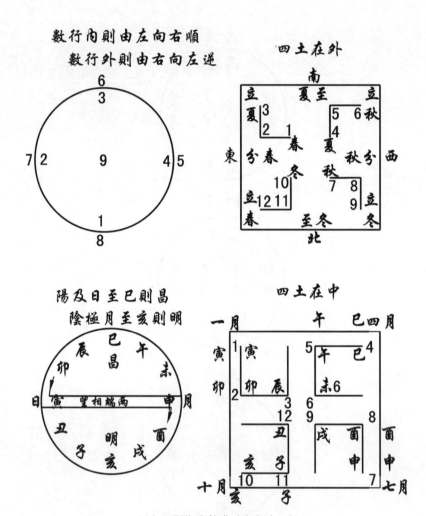

以上四形均由數成（太和功一）

圖2-41 數道圖一

先天八卦

神通八極

畫夜日月潮汐有象。

後天人卦

仙通八脏

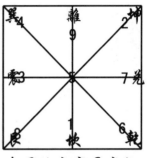

春夏秋冬寒暑有數。

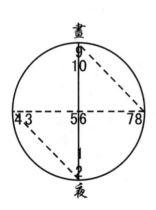

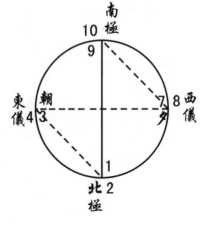

奇數：一、三、五、七、九　陽光，神也

偶數：二、四、六、八、十　陰氣，幽也

（太和功二）

圖2-42　數道圖2

數字大於外小於內，大則無限無量，小則至零

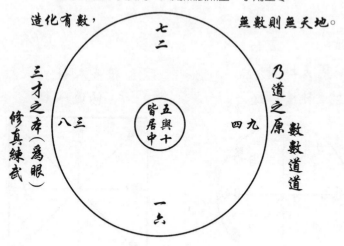

一二三四佈於內，六七八九佈於外

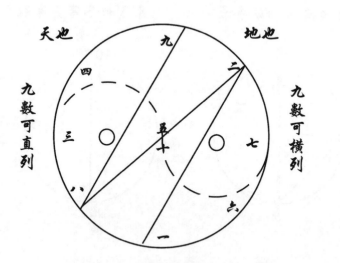

統稱為氣數之道

（五陽功五陰功）

圖2-43 數道圖三

六、看六日月流行圖（圖2-44）

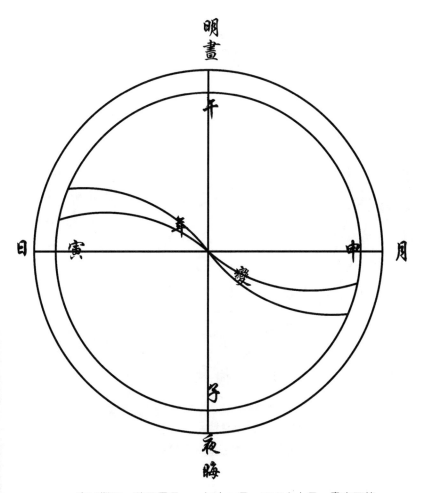

夜以繼日，積日累月。一年十二月，三百六十日，晝夜不停

圖2-44　看六日月流行圖

七、觀三星宿散聚圖（圖2-45）

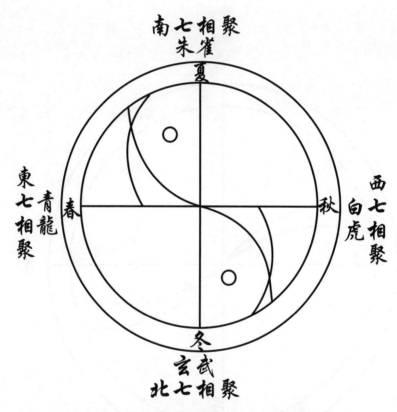

聚之相四季，散則普照乾坤，此二十八宿行於四季也
晨辰所指，陰陽自化；春夏秋冬，年復一年

圖2-45　觀三星宿散聚圖

八、看六明晦隱顯圖（圖2-46）

立而纏，內圈不動，外圈動，靜也，動也

圖2-46　看六明晦隱顯圖

九、觀三四時成序圖（圖2-47）

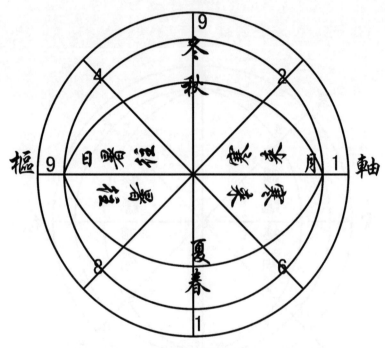

橫而捲

春夏秋冬而成四時，日月為軸星辰相照

陰陽　陰中陰，陽中陽，陽中陰　寒暑

陰中陰，陰中陽，陽中陽，陽中陰

圖2-47　觀三四時成序圖

十、混沌化乾坤圖（附天盤圖、地盤圖）

（圖2-48至2-50）

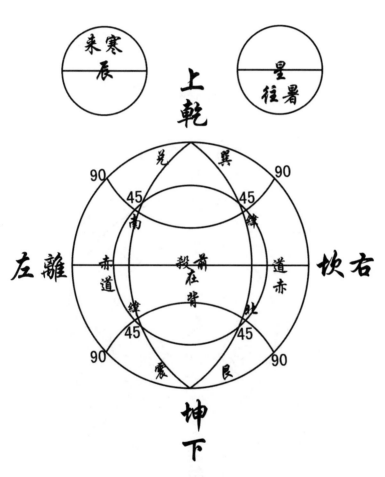

乾為輻，坤為軸，此之謂樞軸遙相當也

圖2-48　混沌化乾坤圖

附：天盤圖

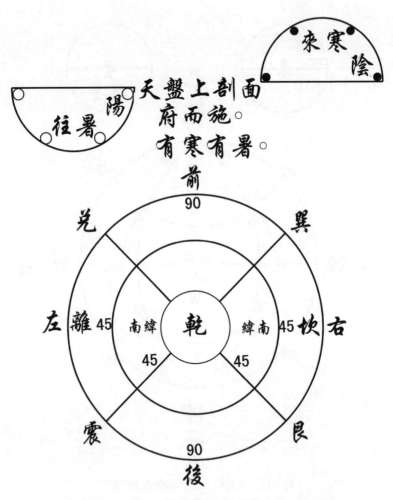

此乃陰陽造化之，天施地承謂之和得，星辰日月而成晝夜

圖2-49 天盤圖

附：地盤圖

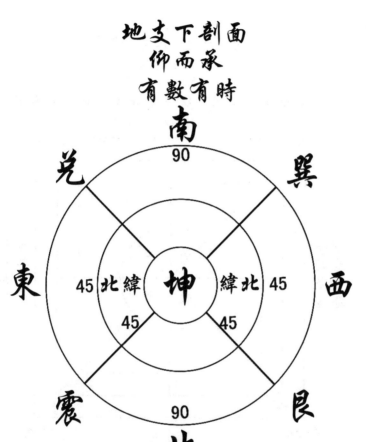

地支下剖面
仰而承
有數有時

此中有六甲、五子

五子
壬　庚　戊　丙　甲
子　子　子　子　子

六甲
甲　甲　甲　甲　甲　甲
子　寅　辰　午　申　戌

圖2-50　地盤圖

十一、混淪圖（圖2-51）

五光、五音、五雷、閃電
混淪圖
方　　　空
（閃電出自五光）無中有有光（雷發於聲光）
有中無有音

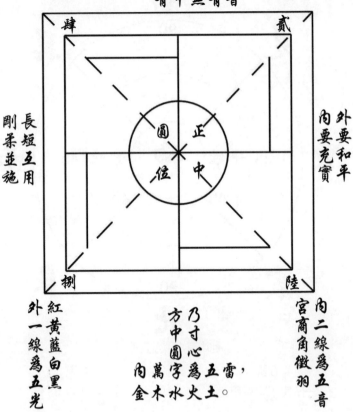

圖2-21　四功圖

十二、開天戴冠圖（圖2-52）

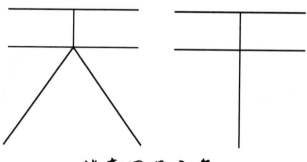

能奪甲子之年
能居仙人之宮

此中三才天地人全開　　　永樂宮　長春宮　重陽宮　甲子天地開謂之開干

圖2-52　開天戴冠圖

十三、無字圖（圖2-53）

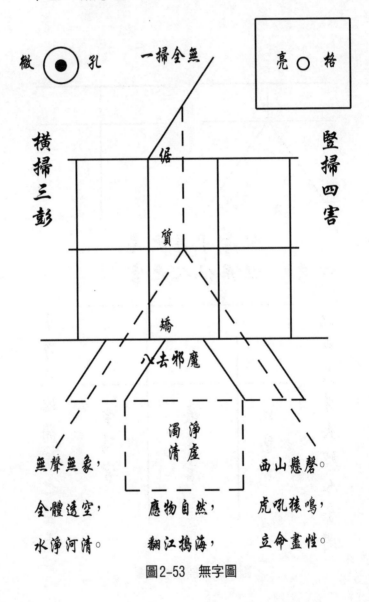

微 ⊙ 孔　　一掃全無　　　亮 ○ 格

横掃三彭　　　倨質嬌　　　豎掃四害

八去邪魔

濁淨清虛

無聲無象，　　　　　　　　西山懸磬。

全體透空，　　應物自然，　　虎吼猿鳴，

水淨河清。　　翻江搗海，　　立命盡性。

圖2-53　無字圖

十四、大衍圖（圖2-54）

武當拳最高的功法

大衍圖　太歲功　（首尾合一）

大衍之數五十五

通過十一功　　　　　　　　萬能一二功

陽

空　神　　　　　　　　　　洞　功

氣　五　母

太歲功難求手要圈

空空天數二十五

巳午未申酉亥　卯辰戌丑寅子

居中

四土中圍

洞洞地數本三十

大衍功易得　走步步要裏

八四出時四土於入手呼吸（不）　臍腳（不）　子　氣　陰

心固功　齊守圈　國四將四乃太歲（傳）

太歲頭上　　　誰敢動土

十

武當內家技擊十二功法最末一功謂之全功

圖2-54　大衍圖

十五、法象圖（圖2-55）

觀體

聚

頂

五行五色、閃閃　　發光。掃淨污濁、
思盡塵氛。　　　　　此五光功也。

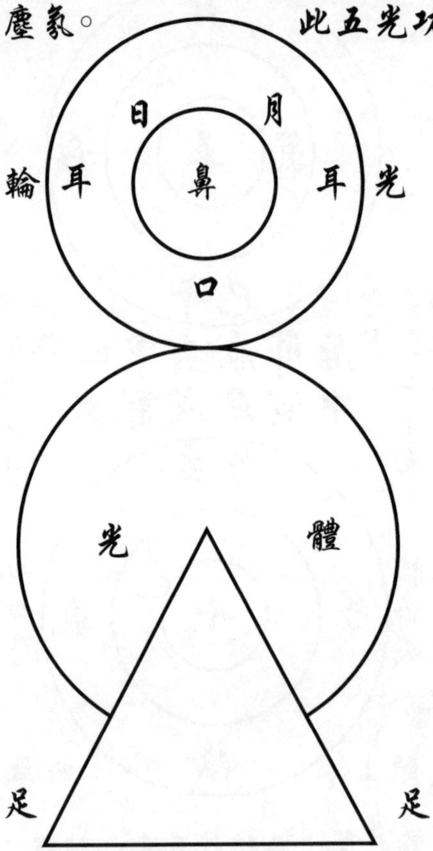

日　　月

輪　耳　　鼻　　耳　光

口

光　　　　體

足　　　　　　　　足

圖2-55　法象圖（內觀自在功一）

十六、金身圖（圖2-56）

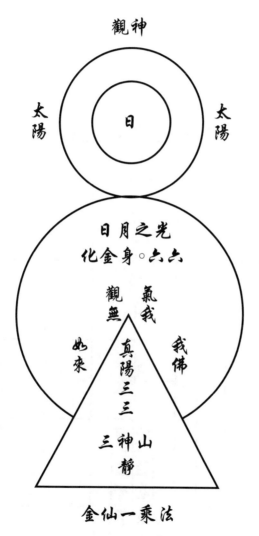

圖2-56　金身圖（內觀自在功二）

十七、虛無圖（圖2-57）

無中無

此乃有極無極之道也

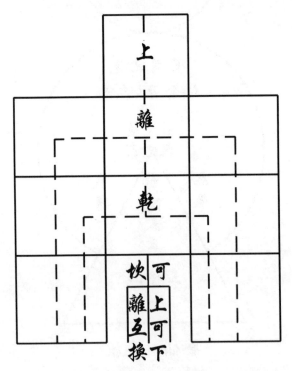

圖2-57 虛無圖

十八、坤範圖（圖2-58）

升　　行血　　升

環　　　　　　環

中分

圈　　　　　　圈

環行周身

上下流行

圖2-58　坤範圖

十九、元空圖（圖2-59）

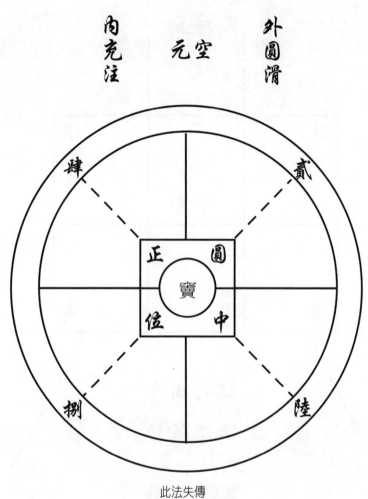

此法失傳

圖2-59　元空圖

二十、周充圖（圖2-60）

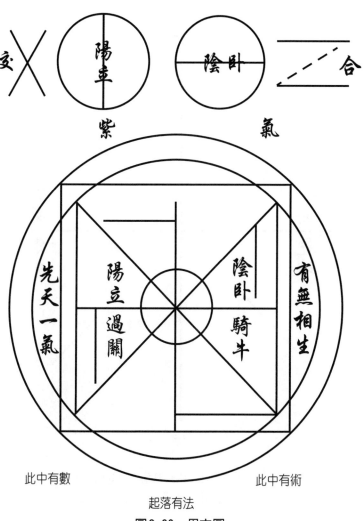

圖2-60　周充圖

二十一、字拳八法圖（圖2-61）

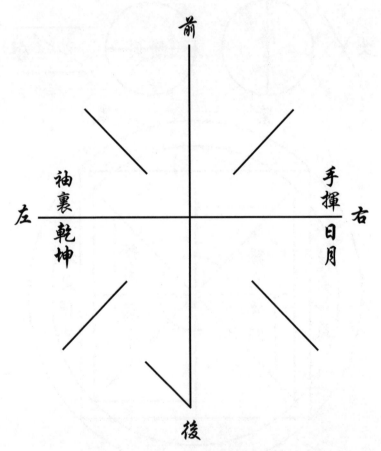

無常形，無成勢；有法無法，因時為業；有度無度，因物而合

圖2-61　字拳八法圖

二十二、武功三掌圖（圖2-62）

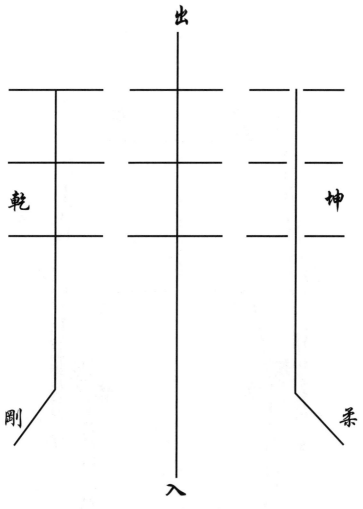

圖2-62　武功三掌圖

二十三、七星燈（圖2-63）

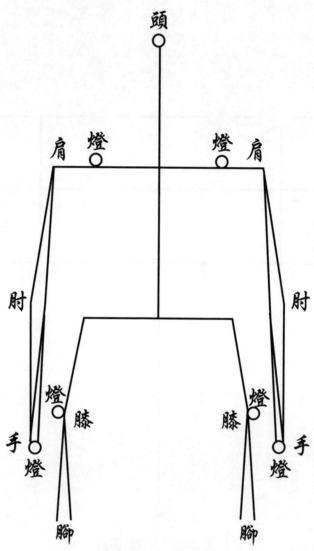

圖2-63　七星燈

二十四、三教歸一圖（圖 2-64）

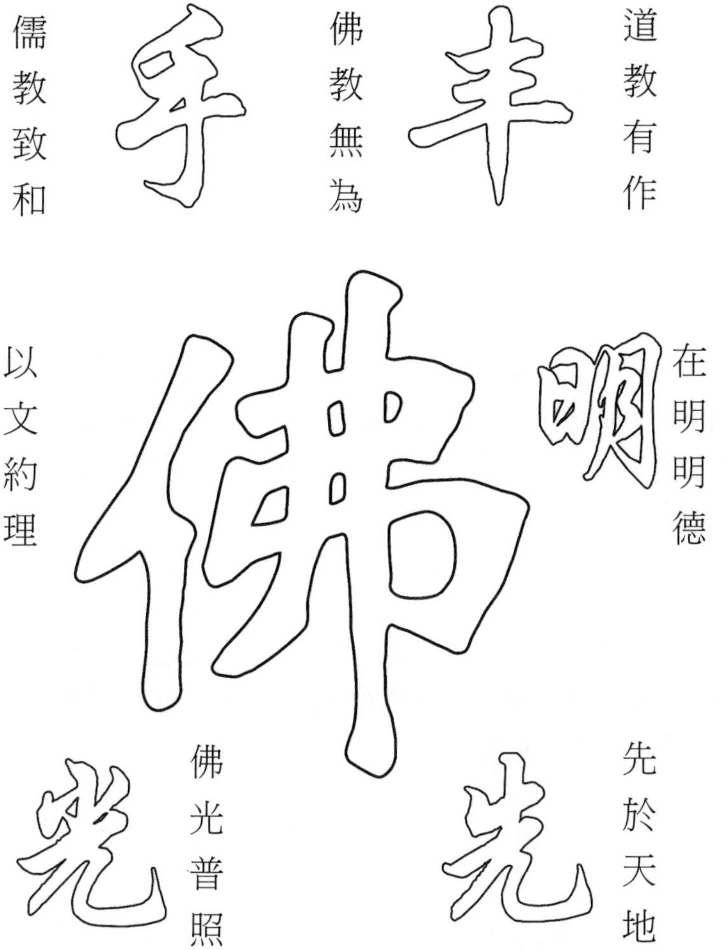

儒教致和
佛教無為
道教有作

以文約理
在明明德

佛光普照
先於天地

图2-64　三教歸一圖

第八節　致柔論

　　陰陽本一氣，一氣分有無，無是虛無化天，有是實有化地。乃老子有無相生，生天生地之道也。

　　人在未生以前是無，既生以後是有。無是空靈，有則成質。呱呱落地血肉成體。筋骨成質，體笨質僵，失去空靈，是修真練武一大障礙，所以修真必須通靈，練武更要致柔。不通靈難以致柔，不致柔更難通靈。因之武當內家功法，必須致柔。柔則通體皆靈，自然達到內家技擊之道。

　　此種功法，原出於自然，由自然而通造化。如是則清通一氣，功法出焉。行功必須有法，法是鍛鍊的方法和規律，要以折疊爲方法，以抻拔爲規律。折則折體折肢，疊則俯仰伸縮。抻則抻筋拔骨，拔則起落進退。伏地抻拔，直立折疊。有時龍盤蛇曲，有時熊墜虎臥。一浮一沉一吞一吐。視之簡易如同兒戲，得之卻比上天還難。難在內外合一，巧在熟練。行之於身，思之以意，要取其神，不用其氣。此乃武當遺教，三豐祖師所傳，潛而守之，默而化之，即明致柔之道矣。

第九節　武當六合功

　　（1）向前功；（2）上下功；（3）左右功；（四）前後功；（5）朝陽功；（6）歸元功。

　　以上所列謂之武當六合功。詳言之是向前功與上下功

相合，左右功與前後功相合，朝陽功與歸元功相合。六功化三合，然後左右功同前後功與朝陽功同歸元功相合，四功由三化而變爲二，再次則由二歸於一元。一合再合三合謂之六合。合和而爲一，循還不已。此功法依照武當山規，傳法不傳訣。以致今之學者，知其外而不曉其中。雖然能依勢劃招，但是其奧妙之要領早已失傳，良可惜也。術語這功法叫走圓。

第十節　武當劍術十大功法

（1）回春功；（2）上元功；（3）八卦行功；（4）平環功；（5）複環功；（6）三環功；（7）小環功；（8）天環功地環功人環功；（9）大順功；（10）還童功。

以上雖屬十功，其實是數術之道。用九不用十。由一到九，這九個數，先橫列，後豎列。以下順序，一橫一豎，有中橫上升下降者，有上橫下降下橫上升者。有三橫之兩端數字下降者，有四角之數字左右斜行者。演成十個功法。（如上列之名詞）

此功法乃各門派劍術的底工。無論何派何門習劍者，每多採用。與武當六合功相似，有很多的密切關係。因此寫出，以供參考。

第十一節　手上功夫

1.四指法：曰抓，拿，丑，點。
2.四掌法：曰摔，拍，按，搨。

3.四手法：曰印，穿，透，插。

第十二節　亦字七絕手

一丟、二圈、三斬、四插、五撩、六左鑽、七右鑽。

第十三節　打手法

打字訣：進身打，退身打，閃身打，提身打，縮身打，左衝擊，右撞擊，膝頂，臀坐，單踢雙踹，偷腿換腳，連環腿，定釘，掂脛，亦陰亦陽，亦剛亦柔，亦上亦下，亦進亦退，亦鑽亦裏，亦緩亦急，亦吞亦吐，亦浮亦沉。

第十四節　真水化乾論

修真練武，都是取法於陰陽。在功成將滿時，往往發生魔障，謂之走火。火者乃陰陽反映之火也。陽火發於心叫心火，陰火發於欲叫邪火。二火成魔，散佈周身，煩躁嗔怒，易入歧途。在功法中謂之「害」。稍一不慎敗德失道。甚或眼瞎神癡，以致戕生。仙者道高則不懼，反能利用轉害爲「恩」。遂有火煉金身，真水化乾之法。

歌訣

坎中有真水，上洗清心火，下沖邪火淨。

仙家常如此，沖沖再洗洗，真水化乾體。

　　八卦中坎卦之三爻，是上下兩陰爻，當中一陽爻。以當中之陽爻，洗去上之陰爻，變爲陽爻。然後再以當中之陽爻沖淨下之陰爻，變爲陽爻。與本身當中之陽爻合一而成乾卦，叫作乾體（又名金身）。從爻變中看出，很明顯地是坎中一陽洗沖上下兩陰爻，即上清心火，下淨邪火，逐步化成乾體也。以下把三步變化繪圖說明，一步是變成巽卦，二步變成乾卦，由坎圖而生出。如圖2-65。

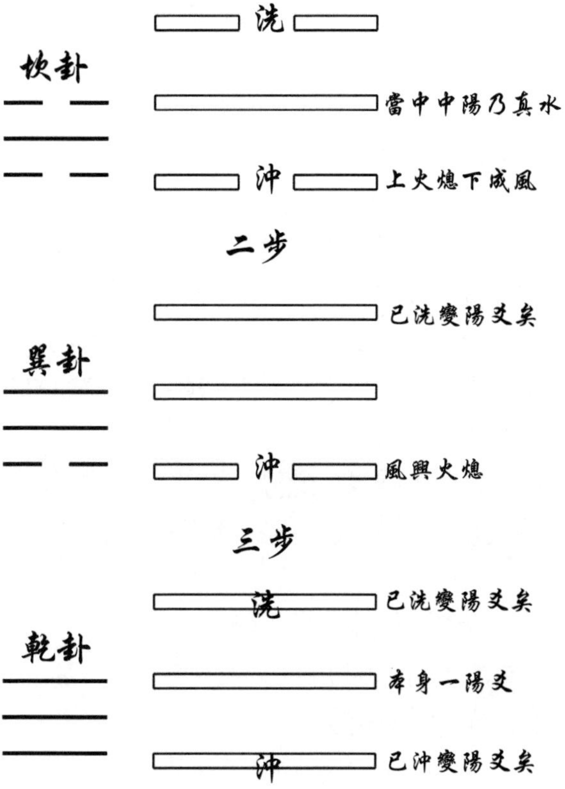

坎卦

洗
當中中陽乃真水
沖　上火熄下成風

二步

巽卦

已洗變陽爻矣

沖　風興火熄

三步

乾卦

洗　已洗變陽爻矣
本身一陽爻
沖　已沖變陽爻矣

圖2-65　眞水滅火圖

第十五節　真火煉劍

　　上段及圖是功法中的真水滅火，以下再詳述以火煉劍。真水滅火是坎卦而生，真火煉劍正與前段相反是離卦為用。離之三爻上下都是陽爻，中間本身則是陰爻，主要是由本身中爻起變化。有以下八句訣語。

　　　　上下都清身不清，晬去本身化三清。
　　　　三清為三昧，三陽是乾體。
　　　　三昧煉乾體，乾體化金身。
　　　　金身成飛劍，飛劍在掌中。

　　這正說明是把離卦中間陰爻變陽爻才能得乾卦，乾卦以卦之清濁論，謂之三清，由三清而變三昧，三昧真火也。以陰陽論三陽為乾體，三昧真火和乾體都在乾卦中，自行鍛鍊而成金身。以金為身乃飛劍也。秘訣必須行之於手，所以說飛劍在掌中：

　　在掌中又有「歸攝、攏攝」之法。可惜只留圖而無注釋。乃致失傳。以下我將這三圖附錄於此，以供學者參考。

　　1. 真火煉劍、離卦（圖2-66）。
　　2. 歸攝法（圖2-67）。
　　3. 攏攝法（圖2-68）。

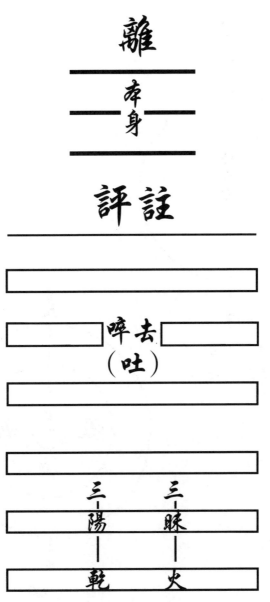

離
本身

評註

哂去
（吐）

三陽　三眜

乾　火

圖2-66　真火煉劍圖

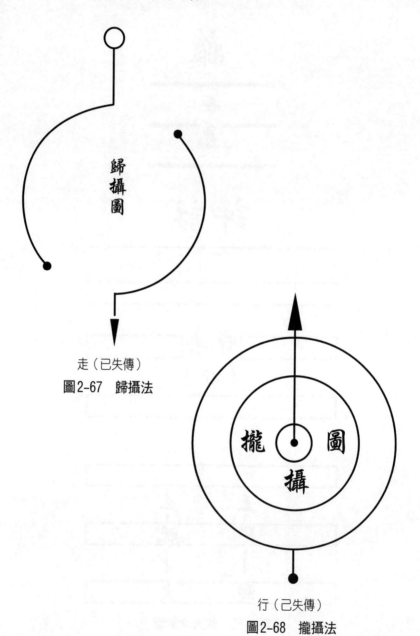

歸攝圖

走（已失傳）

圖2-67　歸攝法

擺圖攝

行（已失傳）

圖2-68　擺攝法

第十六節　隱子藏王圖（圖2-69）

圖2-69　隱子藏王圖

第十七節　干支沖聚圖（圖2-70）

（五神功）聚則靜（五氣功）

謂之五聚乃五神也

沖則動

謂之六沖乃五氣也

圖2-70　干支沖聚圖

第十八節　練功器械

　　拳裏出械，不是另練。請看拳熟械精圖譜，久練自靈。
　　短劍說明：所謂短劍者，乃長劍之半，係左右兩手換用。雖是一劍，用時因招招換手，勢勢換手，方形成多劍多手。奇偶互換，出入無定形。故江湖都稱之爲神劍，神劍門亦因此而得名於世也。

關老練功器械手稿

1. 短劍（神劍）（圖2-71）

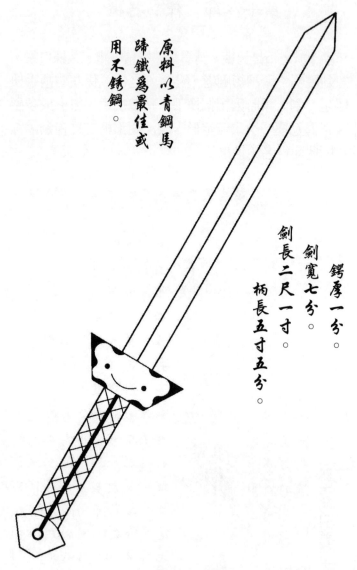

原料以青鋼馬
蹄鐵為最佳或
用不銹鋼。

鍔厚一分。

劍寬七分。

劍長二尺一寸。

柄長五寸五分。

圖2-71　短劍

2. 青龍杖（圖2-72）

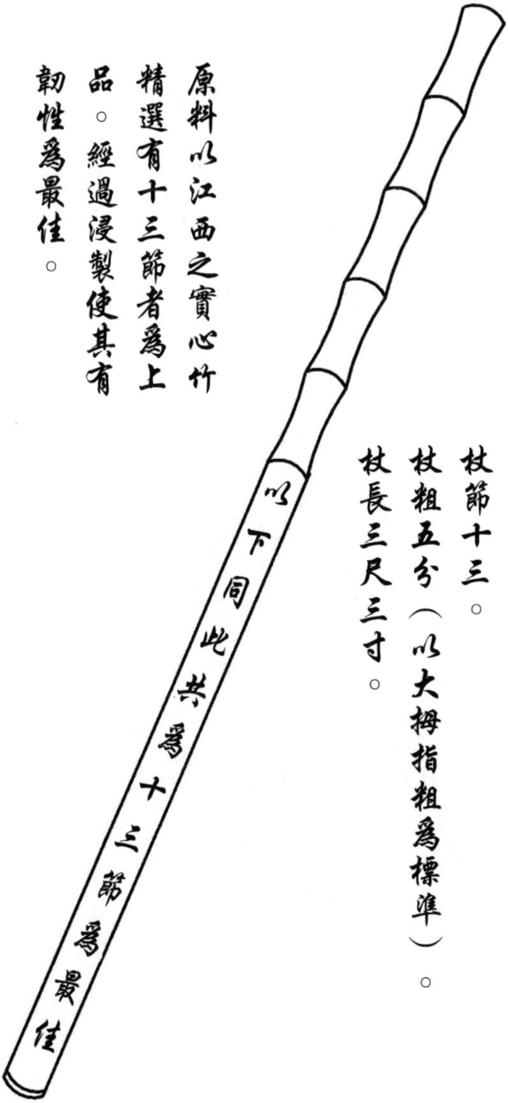

原料以江西之實心竹精選有十三節者為上品。經過漫製使其有韌性為最佳。

杖節十三。

杖粗五分（以大拇指粗為標準）。

杖長三尺三寸。

以下同此共有十三節為最佳

圖2-72　青龍杖

3. 神芒（圖 2-73）

原料以古青銅爲最佳。因青銅發閃閃的青光，純鋼亦可。

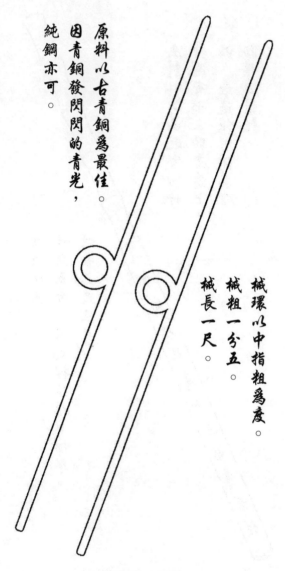

械環以中指粗爲度。械粗一分五。械長一尺。

圖 2-73 神芒

4. 乾坤筆（圖2-74）

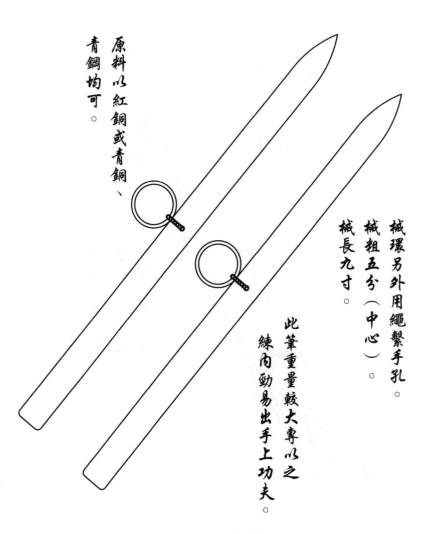

原料以紅銅或青銅、青鋼均可。

械環另外用繩繫手孔。

械粗五分（中心）。

械長九寸。

此筆重量較大專以之練肉勁易出手上功夫。

圖2-74　乾坤筆

5. 量天尺（圖2-75）

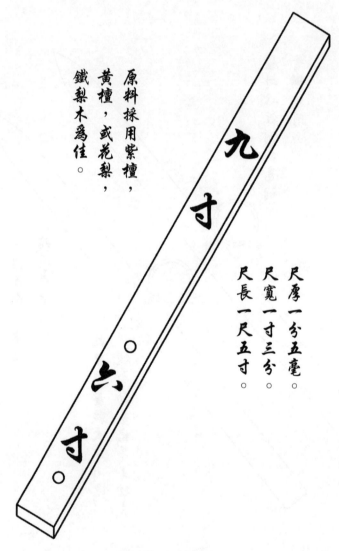

原料採用紫檀，
黃檀，或花梨，
鐵梨木爲佳。

尺厚一分五毫。
尺寬一寸三分。
尺長一尺五寸。

圖2-75　量天尺

6. 五官刀（圖2-76）

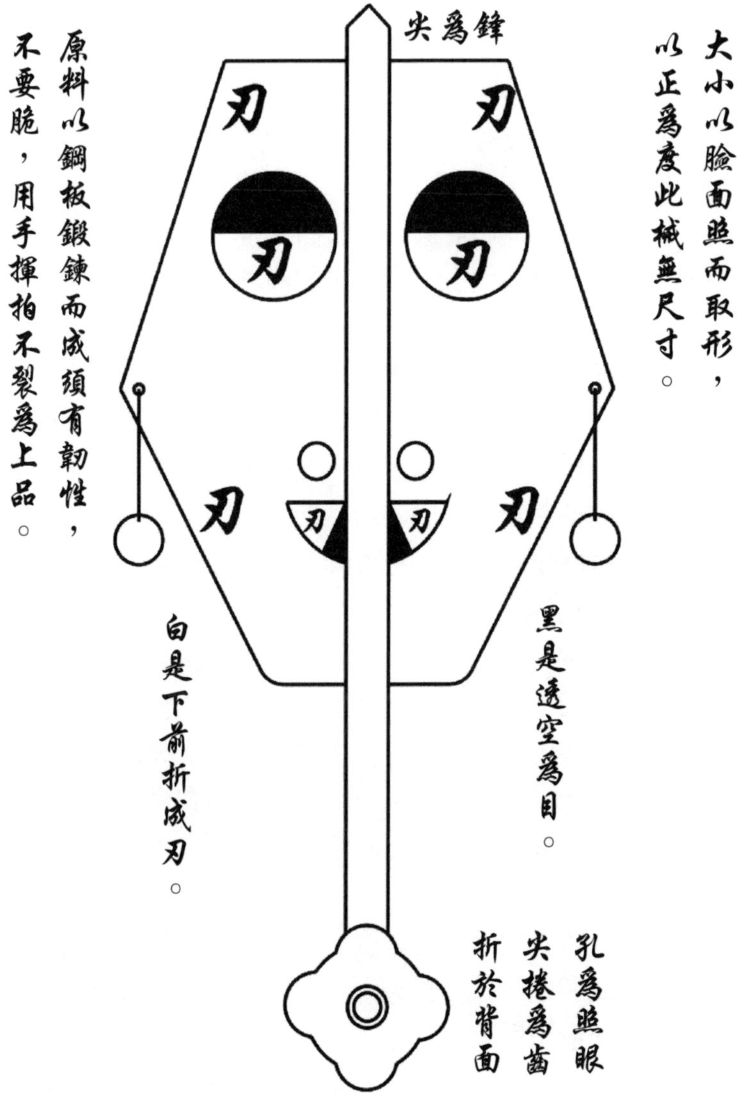

尖為鋒

刃　刃
刃　刃
刃　刃
刃　刃

大小以臉面照而取形，
以正為度此械無尺寸。

原料以鋼板鍛鍊而成須有韌性，
不要脆，用手揮拍不裂為上品。

白是下前折成刃。

黑是透空為目。

孔為照眼
尖捲為齒
折於背面

圖2-76　五官刀

第十九節 武當同門弟子相會對口法語
（附手勢）

先打手勢，後對法語。

1. 手 勢

右臂橫肱，從口前過，舉掌向左推。豎掌於左肩前，左臂手上托，掌心向上，指向裏扣而沖天。提右足獨立相對。（每一出掌都用食、中、無三指併指）

2. 對語（以甲、乙代雙方）

甲問：前輩通微？乙答曰：弟子顯化。隨問怎樣通微？甲回答曰：口上生鬚，耳上長毫，口耳通微，神通廣達。隨問如何顯化？乙回答曰：前後觀三，左右看三，陰陽顯化，氣海乾坤。以下將法語詳細寫出，借資備攷。

法語（八句）：

口上生鬚，耳上長毫，口耳通微，神通廣達。

前後觀三，左右看三，陰陽顯化，氣海乾坤。

一問一答，然後通名，交換武藝。各處雲遊，朝山拜觀，都必如此。事關秘密，可能失傳。現在光復武當可否恢復，實所必要，一則武當真傳可以露面，再則以免魚目混珠，內外不分。

此是武當山規，不可忽視的戒律。第一代先祖接受傳統，現在到我這一代，接續不忘。希望將來永久傳下去。以重師教而清門戶。

武當長白一派，太乙神劍門

掌門人瓜爾佳氏沙拉春記

第二十節　編　後

　　本集所列各圖，係在殘存中所獲集。以致有圖無訣，內中奧妙，無從注釋。謹按所知，略加點綴。請讀者詳閱拙著（《武當修真密笈》武當雜誌特集），自然冥悟，或有所得。爲了利於學者，特此鄭重聲明。（撰者關亨九謹識）

　　1. 功法全圖（圖2-77）

（功法如何練？都在自觀自在功。）

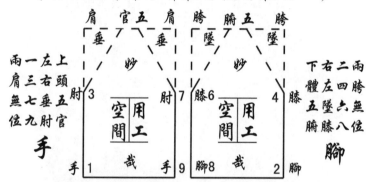

練到此功，空空洞洞，玄玄妙妙。（不傳）
止其所止，身上　　　　　　下體，一止入定

掃除時辰，打開架鎖。
十二時，四陰數。

圖2-77　功法全圖

止其所止，止於五方。五方是神，神來護我。（法）
汗穢不染，邪魔不侵。五形五色，閃閃發光。
掃除汙穢，照盡邪魔。五神護法，金光照體。

2. 玄武圖 (圖2-78)

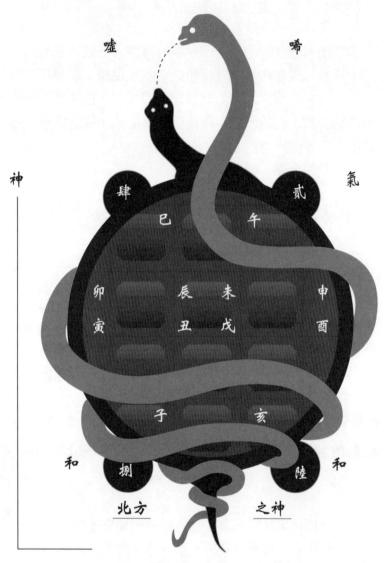

圖2-78 玄武

3. 寶篋藏書記

飛劍天書藏於寶篋，必須點開大鎖

才能看到天書修道求真成仙

練成飛劍。

九歲————九十歲

得篋　　　　開鎖

九九圓滿

第三章 神劍門字拳與書畫

拳宗云：「拳無字，內勁不出；字無拳，書法難精。」因我在行拳中對書法有所體驗，故在課徒之餘，記錄「漫談中國書畫」以爲文稿。

第一節 對中國書畫應有的認識

人在社會中生活，無論是辦一件事或求一種學問，首先務必對此事此學要有足夠的認識，否則，就若盲人騎瞎馬而不能達到應有的目的。求學問及學習中國書畫更是如此。

任何人都有好美的意識和審美的能力，學習書畫也就是好美的表現和審美的過程。但人各有所好，其性不一。有愛山水者，有愛花鳥者，有愛工筆人物者，有愛寫意花卉者，有愛指畫者……至於寫字者亦如此，有人醉心於篆隸，有人偏好行草，有善大楷者，有善小楷者，各有所長。這些都是個人愛好上的差異。如果是欣賞，走馬觀花倒很容易。但要學習書畫那就並非易事了，故在學習書畫之前，必須有相當的認識，以下僅就個人之見，談對書畫的認識問題。

可能有人會認爲我專講對書畫的認識是失之膚淺，書畫書畫，寫寫畫畫，誰都懂得，一看便知，還有什麼認識不認識可談呢？這種看法對於只看書畫之表像者來講似乎是對的，但若深入到書畫本身所具有的傳統精神實質去認

識恐怕就並非如此了。

　　要知道，中國書畫作為中國古老的民族文化遺產，她具有獨特的民族特色，是華夏精神表達於文學藝術形式上的一種結晶，其風格獨特之處可主要表現於如下幾點。

一、中國書畫是文人「三絕」

　　中國書畫，是中國文人精神之寄託。古人將詩、書、畫稱為文人之「三逸」，又稱之為「三絕」。此稱謂有其一定的道理，凡書畫都講氣、神、韻。氣出自文章，神發於詩詞，兩者相合乃成韻。所以說，欲學好書與畫，必先讀書，讀書必博覽群書，多寫文章，通於詩詞，工於雜學，才能發文人之書卷氣，寫字作畫乃能恰到好處。

　　曾有一則歷史故事，講明代畫壇上文徵明，沈石田，仇英、唐伯虎四大家的逸事。唐伯虎曾學畫於周臣，後竟青出於藍而勝於藍，名高於周臣。當時，有人問周臣：「唐寅是你的弟子，你的名氣為何反不如弟子高呢？」周臣答曰：「我比唐寅胸中少萬卷書耳。」這個故事就足以說明中國書畫與詩詞文章有著不可分割的內在聯繫。亦證實中國書畫乃中國文人之逸事絕技。若你到故宮博物院繪畫館參觀書畫，所見其多係文人手筆。偶有非文人之作品，雖然外表好看，但內裏終究是匠俗之氣。此即可證書畫與文章詩詞內在關係之關鍵所在。

二、天才與自然相結合

　　中國書畫，是文人的內在情感天賦與大自然相和鳴而產生的，它不只取於外貌的相像，而是文人（包括所有

人）內在情感借助於外在自然變化的流露表達，書畫雖係小道，但卻與天地萬物相應而生。《易經》序言中有云：「乾坤本屬一物。」一物自有一物的乾坤，乾坤是大自然，萬物是形象。又云：「遠取諸物，近取諸身。」取諸物是其形、取諸身是切身之體會，石濤畫論之第一章所闡述的由太樸散而生一劃開始，章章都結合自然與書畫之變化為一體，亦是取自《周易》之自然之理。

講先得先天之氣，後乃冥悟後天之神韻，神氣結合而成形，不拘泥於外形之象，而著重取形之似與不似之間來寫其神韻之似，譬如一個人，他的外貌雖然很美，而內裏缺神少氣，其人能存乎？

中國書畫有其內在獨特風格，仔細揣摸，用心探索，自能有所得，歷代名家的字與畫，不僅具有外象之美，而更蘊有內在精神之美。畫有虛實，字有黑白，如果能領悟此中含意，則書畫之道思過半矣。

三、書畫之工具

中國書畫所用之工具有中國傳統的毛筆、煙墨、宣紙、石色（礦物色）及植物色等。筆用羊毫兔毫，墨用減膠墨，紙用宣城之宣紙，若有陳紙古墨則尤佳。溯及前代，唐有唐絹，宋有宋紙。若不用此文房之具則畫多失潤，無神采，甚至不成其為中國書畫矣。學者勿以此為小事，慎而用之為妙。

四、書畫之程式

工作有工作的規範，書畫有書畫的規範，沒有規範就

不免失之於混亂，這書畫的規範稱之為書畫的程式。

　　字有橫有豎，先橫後豎者叫豎蓋橫，應先者絕不可後，應後者絕不為先。此外，還有左右之別，應左必左，應右必右，切不可顛倒紊亂，即使偶有變格，亦不失於大規範，萬變不離其宗，畫有鉤、勒、皴、點……與字沒有區別，善於掌握，一通百通。

五、中國書畫的純潔性

　　中國書畫閒雅清高，一如泗濱之水，不受污染，脫盡俗氣。學者萬不可自持才華妄自造作，以致於誤入邪徑。我並不反對創新之作，但創新不是棄本，既使新的再好，也不能超出本的範疇，尤其是中國書畫，它是中華民族數千年文化藝術思想之一個側面的特殊形式，在藝術形式上有其固有的民族特色。因此，在中國書畫的創新中，必須在繼承傳統的基礎上而創作，主要在技法上求變，以便更好的發揮中國書畫的固有優點，而不是獨出心裁的把中國書畫改頭換面，以致失去其民族特色的純潔性。

　　人類藝術雖然是一個整體，但此中各具特色才顯示出藝術的豐富內容，否則千人一面而談何藝術的多姿？故無論學習書畫或搞書畫創作，都要有所分寸，萬不可東抄一點，西拾一點，摻摻兌兌胡亂造作。若是這樣往往會造成不可收拾的後果。結果新的沒創好，反而把根本給丟失了。就像國際友人要品嘗中國菜的獨特風味，而你偏要將燕菜席中加入西餐的大菜和小吃，這無疑會使菜席變得中不中，西不西，而失去獨特風味。

　　故中國書畫家也不可作中西摻兌的創新，以致使民族

藝術失去民族的傳統特色而變成四不象。更不可為了蠅頭小利和出一時的風頭而不顧一切，不勤學苦練而竟與市儈奸商勾結，被一般古董鬼和捐手所把持攏斷，一味迎合時髦俗夫眼界，昧心毀壞中國書畫的優良傳統。如此作為不僅貽誤了自己，更毀滅了中華民族的寶貴遺產，中國書畫是中國古老文化一個重要成份，其純潔性豈容受到侵蝕？保護其純潔性是每一位書畫家和書畫愛好者義不容辭的義務。

義大利人郎世寧在中國畫壇上是位有影響的人物 他不僅能鑒賞中國畫，同時也會畫中國畫，他曾說過：「中國的書與畫，他已經超過西洋的藝術，因為它是文人的書與畫。」就連外國人都能有如此的認識，難道我們自己還能無視甚至是毀滅民族的瑰寶嗎？

六、對書畫的鑒賞

書畫鑒賞，是指對書畫的欣賞鑒別。凡是鑒賞家，不僅要有淵博的學識，還要具有豐富的實踐經驗，最低限度要有藝術的本能。平生要多讀書譜、畫譜，書論、畫論，多讀名畫、名帖。書畫考證等等，多考查、多鑽研，久之鑒賞能力自會提高。

對書畫的鑒賞不僅要求鑒別出其作品的真偽，歷代書畫家的風格、生活年代、姓名，裱裝規格、收藏出處等等，更要評估出書畫的價值。對於古今名家作品不曲解，不趨勢，不為利誘，實事求是地尊重作品的實際藝術價值，而作出公允的估價。所以說。書畫為知音者而作，好的書畫必須有慧眼才能相識。絕非市儈書畫蟲子可比（書

畫蟲子即古董鋪專爲書畫跑合拉捔），這種人不僅剝削文人的血汗，而且左右書畫的價值。假借鑒賞，進行欺騙，冒充士人，招搖誇張，真乃文人之敗類，藝術之鬼魅也。所以在書畫認識問題上要多加注意。

自古至今鑒賞家往往高於作家。所以大畫家龔賢（半千）曾說過：「未學畫先知看畫，不知看畫，學必差矣。今人僅有能看畫而不知作畫者，亦有能作畫而竟不知看畫者，能看不能畫，其人不畫則已，畫必精。能畫不能看，其人畫可知矣，所以擇師須考之於眾論。」

這一段話，說明能看畫的鑒賞家高於書畫家，他雖不能畫不能寫，但是他若動筆，必能一鳴驚人。這是因爲他鑒賞的多，認識的透徹，眼界開闊，故能有如此之結果，並非出自偶然。所以說在學畫之前，必須先對中國書畫有相當的認識。

總之，對於中國書畫首先要瞭解、熟悉，像交朋友一樣，必須先瞭解，爾後熟悉，彼此雙方互有感情，你對他有所表現，他對你亦必有所反映。

學書畫也是如此，你能熟悉書畫才能效法書畫。時時刻刻想著書畫自然對書畫有興趣，有興趣爾後有感情。

你對書畫有所察覺，書畫對你才能有所突出。關鍵在於「專」，「誠」二字。專則能精，誠則能靈，只要肯於開動腦筋，一定會有所收穫。管仲嘗云：「思之思之，鬼神通之。」即此之謂也。否則，縱然能寫會畫。也只不過是雕蟲小技，終究成不了大手筆，甚至走入歧途，更談不上成名成家了。

第二節　書畫工具

中國有句古話：「工欲善其事、必先利其器。」這句話是說無論生產任何產品，要出好成品就必須用好工具，而且還要善於使用工具。產品的品質好壞，一半出自原料及工具的好壞。一半出自技術，二者相互爲用才能出好成果，反之，其成果就可想而知了。現在就淺談一下書畫用材和工具的性能及用法。

一、毛筆的性能及其用法

毛筆筆性有剛有柔。剛能發筆之性，柔可發筆之情。筆管直而剛，筆頭柔而鬆。剛能使柔，柔爲剛用。即是說，剛直的筆管能使鬆柔的筆頭，筆管有指揮的作用，筆頭有發揮的本能。

此筆之性能也。既知筆之性能，然後才能抒其性情。知性在心，抒情在指。古人云：「用筆在執，但執必用指。」

孫過庭書譜中有一段說明筆之性能和用法的話。原文說：「今撰執、使、轉、用之由，以祛未悟。」

「執」謂深淺長短之類也。怎樣執？就是握管有長短，落筆有輕重。短用筆管之性，則筆鋒落紙淺而抒其情。長用筆管之性。則筆頭落紙深而抒其性。簡言之。長提必深，宜於寫大字。短提必淺宜於寫小字。假定筆管爲五寸長度的標準，用筆時由筆頭與筆管相接處起，長提向上三寸則筆管沉，筆頭下落必深而重。短提向上一寸則筆

管浮，筆頭下落淺而輕。

「使」謂縱橫牽掣之類是也。就是前後縱，左右橫，此乃橫與豎也。左下牽成撇，右下掣爲捺，右橫左掃，亦必牽掣。縱橫牽掣雖屬四動，但其實是兩用。縱橫與牽掣相承相輔。橫豎裏有牽掣，撇捺裏也有縱橫。

「轉」謂鉤盤環迂之類是也。就是內鉤向左，外環向右，豎極出鉤，橫極可環。勾化爲句，環化是乙。以及之走等字。「盤」者懸也，迂者回也。裏回外盤，自然之象。環必盤，鉤自迂。筆筆相承，長短互用，剛柔相繼，軟硬並舉。

「用」謂點畫向背之類也。此是互相呼應也。點有正有偏，一點必正，兩點定偏。居正中定，無可移動。居偏則左右互應。應必相向，兩劃並行也。左內弓右外捌，有時相向，有時相背。兩劃相對謂之向，反之則相背矣。書譜的「四由」最後一由的用字，主要用在字的結構和筆劃的安排上。以下又說：「方復會其數法，歸於一途，偏列眾工，錯綜群妙，舉前賢之未及，啓後學於成規。」這幾句話，就是說筆的性能。

既然說筆之性能的四由然後還要歸納到一起。所說一切功夫互相錯綜，表現出筆劃成字的巧妙。這是孫過庭的自創，因此最後說：「舉前賢之未及，啓後學於成規。」希望後學把此「四由」，當作寫字的法規。可見古之學者的苦心，令人起敬。

孫過庭書譜所寫的「四由」，給後人打開了寫字的大門，我們不能辜負古人的良苦用心和熱望。下面詳述之。

第一、他所說的「執」字，就是講如何執筆。總的來

說，「執」就是指，指要有方向，要有法則。手執筆管，要人用筆，不是筆使人。人用筆從心所欲，指其所指。筆用人任筆所行，指非所指。因之，執筆要活，活則靈。反之則死，死而滯。初學寫字重在執筆。永字八法，田字、米字、九宮格、都是執筆的規格和運筆的法則。此中道理正和孫過庭之「執」字相同。所以小學生寫字，要先在格子上描紅。令其掌握方位，達到指其所指。久而久之自然掌握其中的規律。

執筆的姿勢，多種多樣，但必須懂得筆鋒，筆腮，筆肋。執筆不要拘泥。否則，難以達到八法以及各種格的要求，更得不到八法和所規定的方向。

方向與位置，都離不了前後左右中及四角。術語叫作四正四隅。（字拳主要功法即出於此，這是執筆的必經之道）。其次談談長短深淺。長短是提的高低，深淺是落筆的輕重。深淺長短相輔相承。用長短必須知深淺，用深淺必須知長短。執筆越短，落墨越輕。輕則淺。執筆越長，落墨越重，重而深。它有提撥挑按之法，豈容筆直立泥於正乎。如是乃謂之執，古今只有三人明乎此。即劉墉，何紹基，包世臣（包創有撥鐙法）。

第二、所言「使」字，即使用筆管也。在執的基礎上，發揮筆之性能。用筆管前指謂之縱，後拉叫作牽，筆管左右撥能出橫，橫折謂之掣。此是用米字和九宮格也。即是筆動作出前後左右也。縱有退進，橫要顧盼。前指謂之進，後指謂之退。前後又可作內外講。外進而內退，左指謂之顧，右指謂之盼。執筆行之於四正四隅即武當拳之八法也。

第三、所言「轉」字，即發揮筆之力也。概有縱橫牽掣之筆，鋒芒（筆頭）隨之變換，則出鉤環盤迂之形，要在「轉」字上用功夫。

第四、所言「用」字，即筆尖之鋒寫出四正四隅之情與神。一點著紙，變化萬端，筆劃的結構乃成字形。此中則有向背，相向內括有神，相背弩拔有力。顏真卿之弩拔即出於此，蘇東坡的瀟灑更不例外。（請看麻姑仙壇記，醉翁亭記）自能明筆向背。

這是我對四由的認識分析，爲了更深入地認識這一問題。可以結合上節所說認真對照體會。

下面再說說作畫的用筆（以山水爲例）畫山水怎樣用筆呢？首先是立章法，章法一立則用筆有著落。用書法之筆立章法，以鉤勒寫輪廓。筆要單擺浮擱，不拘不泥，不亂不狂，用圓筆如楷書，用側鋒爲隸體。取草書之飛動，攝篆書之奇古。淡鉤要實，重鉤要虛。實不超全形，虛必斷續有法。萬不可疏忽，點染烘托乃用筆之變，要從書法中吸取畫法，書筆即是畫筆。

殊途同歸，字寫得好，畫自然妙。寫寫畫畫，畫畫寫寫，筆法的奧妙，則同源無二矣。

二、水墨的性能及其用法

水和墨乃兩位一體，相輔相承分不開的。墨爲體水爲用，墨無水不能顯其體，水無墨不能爲其用。水陰而潤，墨陽而蒼，墨以松煙減膠爲上，濃而不黑。淡而不薄。善用多色，巧施方豔。所以俗話說「水墨丹青」，墨性凝而實，水性溶而虛。用分濃淡乾濕。濃不可滯、乾不可燥。

寫字要濃中有潤，（明・董其昌善此）。作畫淡要無痕，濃淡乾濕四者要互相陪襯。方能鮮明多彩。字之輕輕如蟬翼，重若奔雲。畫之雲煙霧靄，忽隱忽現，均乃水之妙用也。水墨永遠是分不開的，此即水墨之性能也。

畫山水輪廓既定，不過是山水之大概，既無山石之分，更無層次之別。必須由整化散（即把整的輪廓分而化之），逐有皴點渲染之法焉。因之用黑白燥濕之別。用淡要活，用深要碎。黑以提神，有畫龍點睛之妙，愈少愈好惜墨如金。白宜鮮白（淡也），用於水岸沙灘、此乃山水用墨之大概也。

【註釋】

深墨淡墨可以預先調好，儲於墨池，黑白之墨必須新研。剩墨陳墨宜用收拾。總稱曰五墨。

三、紙的性能及其用法

宣紙有多種，其性能各異，有生有熟，生者質性靈，熟者質澀緊。有加礬者，有灑金者。礬多不可用，只能書寫。金箋必須拭而後使。舊紙可配古墨。各有所長，紙在書畫工具中，佔有重要地位。用紙必要先選擇其性能，然後再詳參水墨用法，則可書畫矣。

生宣其性吃水，因其質鬆，時不容緩，手法一慢，則氾濫不可收拾。熟宣比較好些，生紙實難。畫山水多用生紙。先淡墨或淡色潑出大概，略現山石樹木雛形，然後在此雛形上加以鉤勒，鉤完再加皴點。則得心應手矣。

第三節　書　法

　　什麼叫書法，就是有法度按規律來寫字。寫字的方法很多，不外「潛神擇合，遠乖去俗」。要靜其心，凝其神。心靜則神凝，凝則誠，誠則靈。「擇合」者是選擇適合於書法的。遠五乖是遠乖離背於書法的。孫過庭書譜曾指出五合與五乖錄於此加以解釋。

【原文】

　　又一時而書，有乖有合，合則流媚，乖則雕疏，略言其由。

【註釋】

　　這幾句話、說環境不合必乖，寫出字來，不是刻板，就是疏散凋零。環境相宜必合，寫出字來就流利舒暢。大概說其原由。

【原文】

　　神怡務閑。

【註釋】

　　就是精神的安怡　事務很閑，事少神安一合也。

【原文】

　　感惠徇知。

【註釋】

　　就是說自己有所感而自知，精神有所惠通，二合也。

【原文】

　　時合氣潤。

【註釋】

說明時光和合，氣候不冷不熱，精神爽朗，三合也。

【原文】

紙墨相發。

【註釋】

說的是好紙好墨，其性相發，得心應手，四合也。

【原文】

偶然欲書。

【註釋】

說的是有時偶然對書法有所冥悟　心血陡升自己願意寫，五合也。

【原文】

心遽體留。

【註釋】

就說的是，心急遽而體留滯，表裏不一，一乖也。

【原文】

意違勢屈。

【註釋】

說的心與願違，外形屈而難伸，心手不能一致，二乖也。

【原文】

風燥日炎。

【註釋】

天氣炎熱，氣候乾燥，揮毫不便，三乖也。

【原文】

紙墨不稱。

【註釋】

劣紙濁墨，難以寫字，對於書法更不相稱，四乖也。

【原文】

情怠手闌。

【註釋】

是說心情怠惰，手也懶動，寫必勉強，絕寫不好字，五乖也。

【原文】

乖合之際，優劣互差，得時不如得器。得器不如得志。若五乖同萃，思遏手蒙。五合交臻，神隔筆暢。

【註釋】

這是重把五合五乖總結一遍，尤其是得時不如得器，顯然是說明工具性能之必要。最後是說如果五乖碰到一起，則必要遏止思想手軟意挫。如果五合會在一起，則精神融和，筆也流暢。這是出於自然而然有原則性的，很有道理。下面再引用一段《書譜》於此。

【原文】

「翰不虛動，下必有由。一畫之間，變起伏於峰杪；一點之內，殊衄挫於豪芒。況云積其點畫，乃成其字，曾不傍窺尺牘，俯習寸陰，引班超以為辭，援項籍而自滿；任筆成體，聚墨成形，心昏擬效之方，手迷揮運之理。求其妍妙，不亦謬哉。」

【註釋】

這一段話著重在引述班超以為辭，這是假借班超投筆從戎文而能武。項籍自滿則是假藉舞劍之勇，加入書法之中，不知用筆，反為筆墨所使。自己沒掌握器之本能，放

任筆墨，無原則地任筆成體。聚墨成形。這是不懂揮運筆墨之理，更不知比擬效仿的方法，以致被筆所使，這樣還想把字寫好，豈不荒謬之極嗎？

怎樣消除筆使人的毛病呢？書譜上的一段話講得很好：「窺其根源，析其支脈，貴使文約理，跡顯心通，披卷可明，下筆無滯。詭辭異說非所取焉。」

此若弄懂弄通，筆墨自為人用。而人不為筆使矣。下面談談去俗。俗字在生活中，似乎無關緊要，然書畫如若染上俗氣，則不可救藥，畫家半千老人說過：「畫寧可失之高，不可失之沉。寧可失之生，不可失之熟。生有救，熟不可醫矣。」熟近「俗」，詩、書、畫之大病也。所以要去俗。

俗有兩種，一種出自本身，一種出自外來。這兩種俗氣都是由大小二字中來。一個書法家或畫家在生活中，不要太小氣，太拘泥。一步一趨地老在小處著眼。這樣會不知不覺地沾染上俗氣。欲去此病，必須離小而遠之，要以小看大多讀多識，正大光明，不要甘為井底之蛙，不能以管窺天，須知還有乾坤宇宙。每下一筆，心存前賢，而不自專與杜撰，其字與畫一定不俗。更不要為了媚世悅容，而為畫中鄉願與媵妾，此去內俗之法也。

外來之俗，往往來自處世事務的對方。例如有人雖愛書畫，而不知書畫的清高，身擁百萬，庸庸碌碌，一股銅臭硬裝大雅，竟誘之以利，或迫之以勢不問書畫家的情緒，不擇時間，生硬無情地面求書畫。胡亂指揮，妄加限制。忽然要求寫這。忽然又要求給他畫那。不知裝知，不懂裝懂。俗不可奈，令人生厭。就是免強應付，寫畫作品

豈能不俗？如遇這種厄運。別無良策，只好婉而卻之，或嚴辭斥而卻之。故書畫最忌點件，概因此也。此去外俗之法也。

對書法和畫法來講，不僅在人要去俗，尤其是在筆墨上、作品上，更要去俗。古人云：「寧有稚氣毋有滯氣。寧有霸氣，勿有市氣。」滯則不生，市則多俗。書畫萬不可令俗氣侵染。去俗無他法，多讀書則書卷之氣自然上升，市井之氣自然下降矣。商賈之徒，出賣文人血汗，爲了迎時人之眼。形成他們單有的路子。把持攏斷。書畫一到市井能不俗乎。不僅剝削了書畫家的利益，而且毀壞了中國書畫的傳統。

書譜有一段說：

「加以趨變適時，行書爲要，題勒方幅（即匾額），眞書居先，草不兼眞，殆於專謹；眞不通草，殊非翰劄。眞以點劃爲形質。使轉爲性情。草以點劃爲性情，使轉爲形質。草乖使轉，不能成字；眞虧點畫，尤可記文。回互雖殊，大體相涉，故亦旁通二篆，俯貫八分。包括篇章，涵養飛白。若毫釐之不察，則胡越殊風者焉。」

此一段說明字形各種關係，有行程，有時間。乃書法一步一步的路子，而非市井的路子。明乎此，寫字如行遠，有行程有時間。所以書譜又說：

「抑有三時，時然一變，極其分矣。至如初學分佈，但求平正（第一時）。既知平正，務追險絕（第二時）。既知險絕，復歸平正（第三時），初謂未及，中則過之，後乃通會。」

這是說由平正到險絕，初學恐怕學不到，透過苦練第

二步則過之。如此平正與險絕自然會而通之，這說的是寫字的過程和火候。要想工夫到相當程度，人書已俱老矣，如同孔子說：「五十知命，七十從心。」這時就能夠達到險夷之境，能夠體會權變之道了，就如同謀而後動，動不失宜，時而後言，言必仲理矣。

第四節　六書的關係及涵養

涵養，是寫字作畫的重要第一關。字既寫的不錯，畫也畫的不錯了，這不過是成形成章而已，還沒達到登峰造極，所以必要蓄而涵之，溫而養之。怎樣才能做到涵養呢？涵養必須先知六書的性情，懂得六書的神韻，在這種基礎上加以涵養、書譜有云：

「雖篆隸章草，工用多變。濟成厥美，各有攸宜，篆尚婉而通（注：此篆之性情也）。隸欲精而密（注：此隸之結構也）。草貴流而暢。（注：此草之神氣也）。章務簡而便（注：此行之安排也）。全係涵養之道。」

然書譜又說：

「然後凜之以風神，溫之以妍潤，鼓之以枯硬，和之以嫻雅。故可以達其性情，形其哀樂。驗燥濕之殊節，千古依然。體老壯之異時，百齡俄頃。嗟乎不入其門，詎窺其奧者也。」

此段不僅詳申涵養之道，而且指出傳統性是千古依然不變的，並提出學書者要體量自己年齡的壯與老，要及時的加緊學習。光陰不等待人，一百年不過頃刻。快快入門窺探書法奧妙之理吧。

第五節 六書六法之分論

（1）楷書；（2）行草（章）；（3）章書；（4）隸書；（5）篆書；（6）飛白，謂之六書，又叫六法。

1. 楷 書

什麼叫楷書，怎樣寫楷書，為什麼還將它列在首位？顧名思義，楷者楷模也。因為它可以作諸書之模範所以稱之曰楷書，列於第一。楷書正而真，筆筆不苟，因之又名真書。

寫楷書首先要知七有，一要知有前後；二要知有左右；三要知有內外；四要知有反正；五要知有分合；六要知有散聚；七要知有曲折。所謂七知者，即是需要知道七有之源，要懂得七有之勁。落筆一點是凝神，神凝則氣聚。千畫萬畫隨之而出。前後乃豎之源，務要直而弩。左右乃橫之源，務要平而正。內外乃挑掃之本，務要短而有力。反正乃撇捺之根，務要長而多鋒。曲折乃鉤彎也，務要疾而礪。分合乃向背也，務要均而衡。散聚乃隱顯也，劃多則散而隱之，劃少則聚而顯之。筆筆有據，劃劃有力，字乃成焉。

此外要曉陰陽、知經緯、曉尺度、知遠近。豎是天經，橫是地緯。尺度是行筆之長短，用筆之深淺也。經緯可作楷書立意之本，尺度用於行筆之際。字多不一，終有一經緯、以經為主者，必多豎。以緯為主者，必多橫。有主必有賓，有陪襯。陪襯要均衡，尺度生焉。

陰陰陽陽，是楷書之神。一點有一點之陰陽，一劃有

一劃之陰陽。點無陰陽則不變，劃無陰陽則少姿，字無陰陽則無神。所以書云：

「至若數畫並施，其形各異。眾點齊列，為體互乖。一點成一字之規，一字乃終篇之準。」

我的體會。這幾句話說的是陰陽變化也。

「違而不犯，和而不同。留不常遲，遣不恒疾。」

這是闡明陰陽之尺度。

「帶燥方潤，將濃遂枯。泯規矩於方圓，遁鉤繩之曲直。乍顯乍晦。若行若藏。窮變態於豪端，合情調於紙上，無間心手，忘懷楷則。」

這幾句說明筆劃的經緯規矩方圓，有主有賓，陪襯得當。忽隱忽顯，這樣才能使筆劃多生變化，合乎字的情理於紙上，心手兩忘，由有法到無法。如是勤養，下筆則必有所由，對於楷書的書法盡矣。

2. 行 草

物極必反窮則變，以上楷書是收，收之極自然要變。怎樣變呢？就是收變放，放必行，行極必草，所以叫行草。行書宜於寫文章和書牘，因之又名章草。雖然變了，但不是截然分開，所以說楷要兼行，行必兼草。行不離楷，楷不離行。由漸而入，草不離行，行不離草，以筆化形。行書是楷書的半動，草書是行書的全動。半動是亦似亦非，全動是似是而非。行書行筆簡而速，章書行筆繁而遲。應速必速，應遲必遲。不可猶豫。行練於先，草習於後。繁自簡出，不許超越。

筆墨之變，它有一定的時機，遇機必動。總要乘機而行。偏工（單練）之徒不體斯意，往往失機。

　　爲了適時每多單練草書，既不由楷更不知行。一幅中堂、一幅楹聯，就成（自封）名家。取悅於鄉願，只求障人眼目，其實一無是處。雖似流利但無抑揚頓挫。橫衝直撞、胡亂纏繞。一如上古之結繩、又好似簷下之枯藤。濫而無味。毫無古人之韻、無所取焉。

3. 分　隸

　　書法由楷書到行草，已經放到極端，無可再放。再放則字毀矣。因此由放而收、以符三時之規律。此擒縱之道也。擒縱必須有法。因之隸書出焉。什麼叫隸？隸者屬也，是屬於楷而爲用，故名之曰隸書。

　　談隸必須先談分書、分隸是由楷分出。但未全分，還沒失楷之作用、僅變楷的十分之八分。因之叫八分、簡稱謂之分書。其實隸與分、是一而二，二而一也。形稍有別，神氣則一，分瘦隸粗、瘦而長、粗而短。分立隸臥是其區別。分立而輕，輕而鬆，隸臥而重、重而結。楷行草出於帖、分與隸出於碑。雖然如此、終歸於楷。兩者用筆異於楷、都用逆鋒，要奇正中、還要正中奇。分多向背，隸少雙重。分如猿行、翹手翹腳。隸如虎臥，通體皆橫。寫分是正中側，寫隸是側中正。順逆略有不同。但逆多而順少，不可不知。

　　分書和隸書的規律、比較嚴謹、務必要一步一趨地寫。否則容易走向拘板、拘失去分書輕靈之意。板則丟掉隸書重實之理。必要收放適宜、一般多在劃之首尾注意，而不知在字體全形下工夫。須知字的好壞固屬基於一劃，分書、隸書則不然。必須行筆求理、成字窺其全形。如是才能上下有法、左右有致。不然非散即結，失去大方。欲

去此病要讀帖、讀好帖，看墨蹟，看真墨蹟。方知余言之
不謬也。

4.篆　書

篆者轉也，重形象而象形、一如蟲爬、屈曲蠕動；或
如鳥獸之態。用圓不使方。名之爲篆書。篆書離不了轉。
環續點接，轉轉接接斷斷續續復歸於點，相因而行。有時
須全全而華，有時須缺缺而巧。華不入俗，巧而要古，內
具金石之理，外得金石之韻，筆如刀鋒，紙如銅鐵。下筆
好似有聲、字顯好似突出。一如斷碣殘石，又象陳列鐘
鼎。小篆筆均字美，鐘鼎墨澀字古，小篆要上下取直，鐘
鼎要左右橫跌。有時鐵線、有時如溶鑄。法寓於形，勿拘
勿泥。視之似難、其實甚易。

雕蟲末技半由學得半由天成（天者天才也）。六書中
楷、行、草，分隸重學力，而篆書多出天才，聰明穎智之
士，得之最易。因篆書之情趣、妙合天真也。

5.飛　白

六書暢行於古今，上下千百年而不斷。

惟飛白不傳久矣。今據所知概述如次：飛白早倡於晉
唐、它的風格、不次於其他書法。失傳原因、每多不曉。
其實飛白失傳是世風變遷所致。據云是書家見匠人粉刷牆
壁、會通而興。其妙處是以刷代筆。盡使轉執用之法、別
具一格。談飛白者，只知飛白之飛白，而不知它是蘊藏六
法之長。飛白之奇，不是僅在絲外之處，而是在於包括六
書之處。在紙上忽隱忽顯，合乎字之白多黑少之理。故列
入六書而稱飛白。

寫飛白要懂得改善工具。匠人用刷即如士人用筆。在

牆壁上的婉轉，也就像在紙上的自如。一經體驗刷的多變，每每勝於用筆。刷平而扁，它的性能本身具有折，疊，掃，描之能，毛筆緊而圓，其情不出筆之本能，而出自在人使，因此刷勝筆一籌。士人遠匠，每多鄙視，因此傳人很少，日久淹沒失傳。

關亨九先生進行飛白書法創作

　　刷非普通之刷，必須炮製成熟乃能應用。否則只能刷，不能寫（製刷之法今已無傳）。

　　飛白雖列於六書之尾，但其法超過六書之首。飛白兼楷書之正，行書之揭，隸書之折，篆書之轉，可稱會數法歸於一途，所以欲精於飛白必須先懂得六書。先熟於其他書法，打下基礎，飛白自然應刃而解矣。反之只通其一。知楷不知行，知行不能草，知隸不知篆，單工於此者實難語焉。扁筆板刷用法不同，筆可正用，亦可旁撥。刷則倒而指之，逆而轉之，點劃成雲卷，一點雖小而多變，一劃雖直而藏屈。圓則帖意，方有碑味。寧野勿俗，寧怪勿苟。絕非江湖上所寫的字裏藏花，花裏有字，要堅持士氣，勿走邪道，飛白乃精。

　　6. 選　帖

　　帖是學寫的榜樣，古今名家也離不了帖。書譜有云：

「夫自古之善書者，漢、魏有鍾、張之絕，晉末稱二王之妙。王羲之云：頃尋諸名書，鍾張信爲絕倫，餘不足觀。」

這幾句話，說的很重要而懇切。我們務要尊重而實踐。但是個人有個人的看法，各有各的嗜好。因之選帖要加慎重，不要主觀。今選數種，略供參考，可能不夠標準，更難達到每個人的理想，望讀者諒之。

1. 楷　書

（1）顏真卿的《麻姑仙壇記》，弩撥多力；堪稱楷範。

（2）黃庭堅的《幽蘭賦》，平正圓混。

（3）蘇東坡的《醉翁亭記》，外括多姿，足資借鏡。

（4）米芾的《方圓庵記》，神奇，莊重，頗堪摹擬。

2. 行　書

（1）蘇東坡的《翰劄》，流俐俊秀。

（2）米南宮的《篇章》，嚴正大方。

（3）劉石庵的《雜記帖》，奇而有法。

3. 行書、草書（行每兼草故並列旁通）

（1）王羲之的《十七帖》。

（2）顏真卿的《爭座位》。

（3）米芾《臨王十七帖》。

（4）智永《千字文》。

（5）張旭的《七言四首》（大草），涵養。

4. 分書、隸書

（1）石門頌。

（2）張遷碑。

5. 篆　書

（1）大小篆。

（2）泰山碑。

（3）石鼓文。

（4）散氏盤銘。

6. 飛　白

久已失傳，無帖可選。僅存有唐尉遲敬德墓誌刻，尙不知淹沒在何處。

第六節　總　論

書譜所論各節，它是書法的原則，是寫字的基本理論。不僅闡明六書的具體實踐，而且評述六書互相變幻的關係。楷書平正，行草險絕。分隸刻也，篆書雕也，飛白兼而有之。必須專精一體，然後再求眾工。如專精於楷，乃能由楷旁通二篆，俯貫八分。包括篇章，涵蘊飛白。此之謂先專精而後兼善也。

楷書有骨、有肉，有血、有氣，有神、有力。尤須俱備不可缺一。無骨則無力，無肉則無神。無血則無氣。分隸偏於力，行草偏於氣。篆書偏於神，飛白兼而有之。說明楷能兼善，飛白更須兼善。兼善而後精。飛白扁筆有絲，用墨加油、轉卷、折疊、鉤抹。牽帶、都是別具一格。絕非任筆所之，散任無度。散者放也。

此皆古人所留法中之法也。看之似乎容易，得之最難。千百年依然存在，其精微奧妙，可想而知。書譜是中國書畫開山之寶。何必他求，大才能兼善，小智要專精。

豈容狂妄之徒妄加厚薄也。

第七節　畫　法（以山水為例）

　　字以記事，後天之務也。畫以抒情，先天之物。記事是由有到有，抒情是以無作有。有者有法也，無者亦法也。所以畫法是知無法之法，再由無法入於有法。無法是自然天地造物，畫乃法天則地造物以成形。形顯則畫出，因之說有法也可，說無法亦可，古今學者為了實現無法，乃強名之曰法。所以有六法出焉。

　　南齊謝赫六法如次：一曰氣運生動。二曰骨法用筆。三曰應物寫形。四曰隨類賦色。五曰經營位置。六曰傳模移寫。六法既定，習之日久，法中生法，遂有六要、六長出焉。

　　宋劉道醇六法如次：

　　（1）氣運兼力。（2）格制俱老。（3）變異合理。（4）彩繪有澤。（5）來去自然。（6）師學捨短。

　　六長：（1）粗魯求筆。（2）辟澀求才。（3）細小求力。（4）狂妄求理。（5）無墨求染。（6）平畫求長。相沿日久，病忌生焉。

　　宋郭若虛曰：三病皆係用筆。一曰板，板則腕弱筆癡。全虧取與，狀物平偏，不能圓渾。二曰刻，刻則運筆中疑，心手相戾。向畫之際。妄生圭角。三曰結，結則欲行不行，當散不散，似物滯凝，氣不流暢。此之謂三病。

　　元繞自然十二忌：一忌佈置迫密，二忌遠近不分，三忌山無氣脈，四忌水無源流。五忌境無奇險。六忌路無出

入。七忌石只一面。八忌樹少四枝。九忌人物傴僂。十忌樓閣錯雜，十一忌濃淡失宜。十二忌點染無法，此之謂十二忌也。以上是法和法中之法，法法俱備。但是不要拘泥於法。先求有法，次入無法。由無法中，還求有法。如是方能作畫。

　　自然中有法必有象，象者形象也。畫山水既是顯萬物之形象也。山如人，樹如衣，人著衣則美。地如家，灘如屋，有人有歸宿。雲如氣，水如血。人乃活，活而壯。活的有趣，生的有路。道途像水，處處有來源。處處有著落。乃成造化，化生不已，筆筆相應。機動意隨，山川立顯，萬物相附。信手揮灑，紙上雲開，無障無礙，如欲能此，還須求之於筆。依法用筆。遂有：鉤勒、皴點、烘托、渲染。巧在佈局，按步運行，斯謂之畫。

一、佈　局

　　在未畫之前，要凝神靜坐沉思默想，先以心畫。目有全形。胸有成章。一一安排如同神遊。身處其境，然後落筆直追。某處為主，某處為副。某處宜實，某處宜虛。上要留天，下要留地。天上一定生雲，地上自然發氣。中間橫斷為霧，左右彩雲為霞。山巒次第露出，樹木叢叢而生。密者疏之，散者聚之，不急不徐，冉冉漸生，初則寧缺勿全，總要留有餘地。以備將來收拾。忽隱勿顯，藏神達化。

　　最忌把紙畫滿，滿則無生氣。畫如文章，章法有神有氣。畫的全域要有起伏（俗語說文似看山不喜平）。說明畫山水不應平，平則板矣。例王勃一篇《騰王閣序》，大

氣磅礴，就是一幅山巒起伏，波濤洶湧的畫，妙在章法。而非詞藻之力也。

文章全域，有段有落。畫亦如之，所以說中國畫是文人畫。文章以辭句爲美，畫以筆墨顯麗。畫裏筆墨一如文章之辭彙。必深而求之，積而壘之。又如寫字筆筆不苟。作好的文章必須有好的辭彙，寫好的字必須有好的筆劃。如欲畫好畫，更須要有好的筆墨。以下談談筆和墨。

二、筆　墨

畫中國畫，主要是有筆有墨。筆以立骨，墨能顯形。骨不立形無著落，筆必須筆筆寫，墨必須處處賦（賦者給也）。筆由人寫，墨由天賦。寫乃工力之寫，賦乃自然之賦。筆以意出，墨以神化。應物象形，自有來由，山石大小，樹木枝幹，寫字之筆也。雲霞霧靄，自然之墨也。

古人云：有筆有墨人多不曉，畫豈無筆墨哉。但有輪廓，而無皴法，即謂之無筆。有皴法而無輕重向背，雲影明晦，即謂之無墨。王思善曰：「使筆不可反爲筆使，石分三面，是筆亦是墨。筆要仔細，墨要珍惜。仔細是筆筆必須注意，珍惜是處處總要少用墨。古人李成惜墨如金，王洽潑墨成畫。」學者要對惜墨潑墨四字多鑽研，則於六法三品思過半矣。練筆要多寫字，求墨要多看畫。筆劃中出畫法，水墨裏多顯畫。書法即是畫法。畫法更離不開書法，行筆如雲行，潑墨更似行雲。人之心意，同於一理，思之思之，則筆墨會通。此中有道，道貴囫圇，不可不知（即筆墨交融也）。

三、名詞術語

　　淡墨旋旋而取之謂之鉤。淡墨臥筆橫掃謂之勒。惹惹而取之謂之皴。淋而用之謂之渲。滾而用之謂之刷。直指曰捽，特下曰擢。注於筆尖曰點。引筆而行曰劃。淡水成煙謂之染，筆有痕跡謂之漬。焦墨運旁謂之分。淡墨上下相襯曰接。接而襯之。此筆墨用法術語之大概也。一字一義一種用法，用既不同，技法因之各異。總而言之，不外鉤勒、皴點、渲染、烘托。有碎有整、有散有聚，下筆不一，分析如次。

　　何謂鉤勒？由右向左謂之鉤。由左向右謂之勒，勾勒是取法於字左右劃，即門之變也。小則勾石，大則勾山。也可相向而用，也可相背而行。即如兒字；直用可畫樹幹，旁挑可作丫杈。初勾似淡墨，筆輕如線，似有似無。不足可以重勾重勒。切忌心急，不許一次而就。勒每用短，勾是勾邊。勒是勒體，勾邊取形。勾勾勒勒，體象乃成。此畫畫必行之路也。工夫在多寫字，字好畫自精。工筆寫意，細加分析，不可混用。

　　何謂加皴？皴是取法於字之撇捺。長而用之，鬆而運之。為什麼說加皴呢？勾勒既畢，僅有輪廓，尚在囫圇。山石不分，必須分清。因此必須加皴，皴而分之。皴法是皴上不皴下，皴外不皴內。這是分陰陽也。法雖如此，要遇機而用，不可拘泥。皴有多種，詳列如下：

　　披麻皴、亂麻皴、芝麻皴、大斧劈、小斧劈、雲頭皴、雨點皴，彈窩皴、荷葉皴、礬頭皴、骨髏皴、鬼皮皴、解索皴、亂柴皴，牛毛皴、馬牙皴、豆瓣皴、披麻可

以雜雨點皴，荷葉可以摻斧劈。

畫家各有專長，隨筆變化，均無不可。但須含而不露，似是而非，乃達使皴之妙。皴有不足，故須點補，點更與寫字有關。字是由點生劃，畫是以點代筆，長用為皴，短則勾勒。聚則成形，散可補綴。可置之樹葉，可以放於石苔。破而用之，可染可擦。凝而用之，可以領神。在山頭石面為苔，在樹枝幹為葉。點法不一。詳列於下，以供慣用。

介字點、個字點、菊花點、胡椒點、梅花點、 垂藤點、小混點、鼠足點、松葉點、水藻點、 大混點、尖頭點、柏葉點、藻絲點、梧桐點、 椿樹點、攢三點、垂頭點、平頭點、仰頭點、攢三聚五點、聚散椿葉點、個字兼雙鉤點、刺松點、破筆點、杉葉點、仰葉點、垂葉點、垂藤點、密竹、疏竹、新篁，水草、蘆葉、不勝枚舉，出自各點千變萬化，靈活運用，自得其妙。

山頭、石塊、樹木、經過鉤畫皴點、雖然成形但少陰陽。必須渲而染之，深淺錯落，凸凹立現。則血肉全矣。否則只有空骨之架豈能成畫。渲必淋而渲之。染必增而染之。以筆飽含淡墨，在紙上似著似離，淋漓而灑之謂之渲。去濕燥以筆在紙上似擦似拂清潤而運之謂之染。

渲染不僅要善於使墨，而且更須巧於用水。渲染得法，山石樹木，郁然深厚。渲染要找重點，應渲要必渲，應染者定染。萬不可缺，缺則傷神。然而更忌太過，過則不清。無頭少面，混然一片。手法是輕輕一過，不是普遍全刷。以符惜墨如金之妙。

白紙為雲，空地為水。仍隱於紙，不分則不現，不提

則不醒。所以雲頭水腳，必須淡墨烘之，烘要無痕，有痕則定，以淡破重，以重襯淡。此之謂烘托。畫山水第二步，重在烘托。善托者山立泉飛。善烘者要隱顯分明。不僅要巧於用墨更須善於使水，以水潑墨，方得烘托之妙。善於收拾。大膽作畫，小心收拾。諸法俱備，施予紙上，即成其畫。但是千慮必有一失，萬筆不能無漏。因之畫後要審查，要收拾。勾漏重勾，點缺補點。傷神之處，再加渲染，少氣之處，重施烘托。應補即補應就則就。應改則改，千萬仔細。照顧原來，筆墨要少用。須知收拾是補救，不是加以掩蓋。古人云：畫不難，收拾最難。稍一不慎，前功盡棄。臨深履薄，引以為戒。

第八節　指　畫

我的先祖在清康熙年間，曾同鐵嶺高其佩一起研究指畫。創有掌上八法圖，代代相傳。可惜於十年動亂中遺失。現在據我所知道和體會的回憶追寫，以供參考。

寫字必須先將各種書法精通後，方可學飛白。指畫更是如此。必須先將各種畫法熟練後乃可作指畫，這兩種相同之處，都是出於工具。

飛白筆改用刷，指畫筆改用指掌。並不是開始就直接學飛白和指畫，否則其結果是徒勞無功的。因為指畫不在十三科（畫分十三科，山水第一）而是書畫法之精微。是在畫有成就後、科外利用指掌也。所以指畫不在畫法之中，而在指掌之間而發揮　演成手法與指法。指掌它能肉感，一觸即動，直接著紙而成畫。此之謂直感。筆則不

指畫（關亨九先生指畫展示）

然，透過使筆間接著紙，較之直接直感相差甚遠。所以說
指畫似難而實不難。難者是必須得畫法之長，易者是一觸
即覺，覺而動，一動成形。因此指畫要先求諸畫法。然後

求之於手指，掌與指連在一起有異曲同功之妙。今將掌指的方法和手上的規律分述如次：

　　什麼是手的方法？手有陰陽，手背為陽，手掌為陰。陽多骨屬剛，陰多肉屬柔。拇指孤立，四指並列。此手之形狀與安排也。陽面用時較少，陰面用時較多、陰柔如筆毛，可按可提，掌之兩旁凸起之肉，可以烘托。無名指和小指下屈可以吸水墨。全掌可印可吸，此手之大概也。指與掌不同，用法比較複雜，另有規律。

　　指有大小長短，尺寸分毫，一定不移。自然天生，絕非人為。大指能勾勒，半肉半甲用時注意。偏於肉則滯，偏於甲則弩。兩者均非所宜。指都能皴點，半甲半肉出橫點，甲專可以寫劃，肉專可以揉擦。甲尖可以劃線，雕鏤細處。指肚專用捽打，可以渲染。此指之大概和用之規律也。

　　掌及手指，用有輕重，輕則使水，重則用墨，有伸有屈，伸則彈，屈則行。要虛而靈，不要實而滯。大畫出自手掌，小畫出自指甲，萬勿顛倒。以手之性，談筆之情。以指之情，學筆之性。千錘百煉，自然生巧。巧妙之處，更須口授身傳。八法成圖，妙在其中矣。畫畢最後再加收拾，乃謂全工。

第九節　掌指八法解

一、掌指定位

　　手背朝上謂之陽手，手心朝下謂之陰掌。手背多骨屬剛如筆桿用則提。手心多肉屬柔如筆頭用則按。五指各有

定位和名詞。大指爲拇，自己獨立。近拇第一指叫食指，第二叫中指，第三叫無名指，第四叫巧（小）指，並排手掌前。此乃掌指之定位也。

二、掌指術語

用全手謂之提。用全掌謂之按。專用拇指謂之撥掃。裏撥外掃。四指齊用謂之排刷。分用謂之單行。指尖有甲即指甲也。甲下爲指肚。用甲著紙謂之描畫，用肚著紙謂之摔拍。各指之旁，都是半甲半肉，用於彈挑。開始鍛鍊，先練專手。專手，專甲，專肉。掌根兩旁突起之肉，尤當注意，謂之棉帶。

彈挑抹擦，可用於勾勒皴點，掃撥印破，可用於渲染烘托。細小用指甲，粗大用手掌。先懂術語後找指掌定位。兩者具備，再詳其用。用以理求，萬不可背，只圖鑽研，朝夕勤練，久而久之，自然明悟。

第十節　書法欣賞

一、正心修身圖（圖3-1）

二、龍虎展十五勢（圖3-2）

此圖另有注釋，非本門弟子不傳。

圖3-1　正心修身圖

圖3-2　龍虎展十五勢

三、關老書法四屏條（圖 3–3）

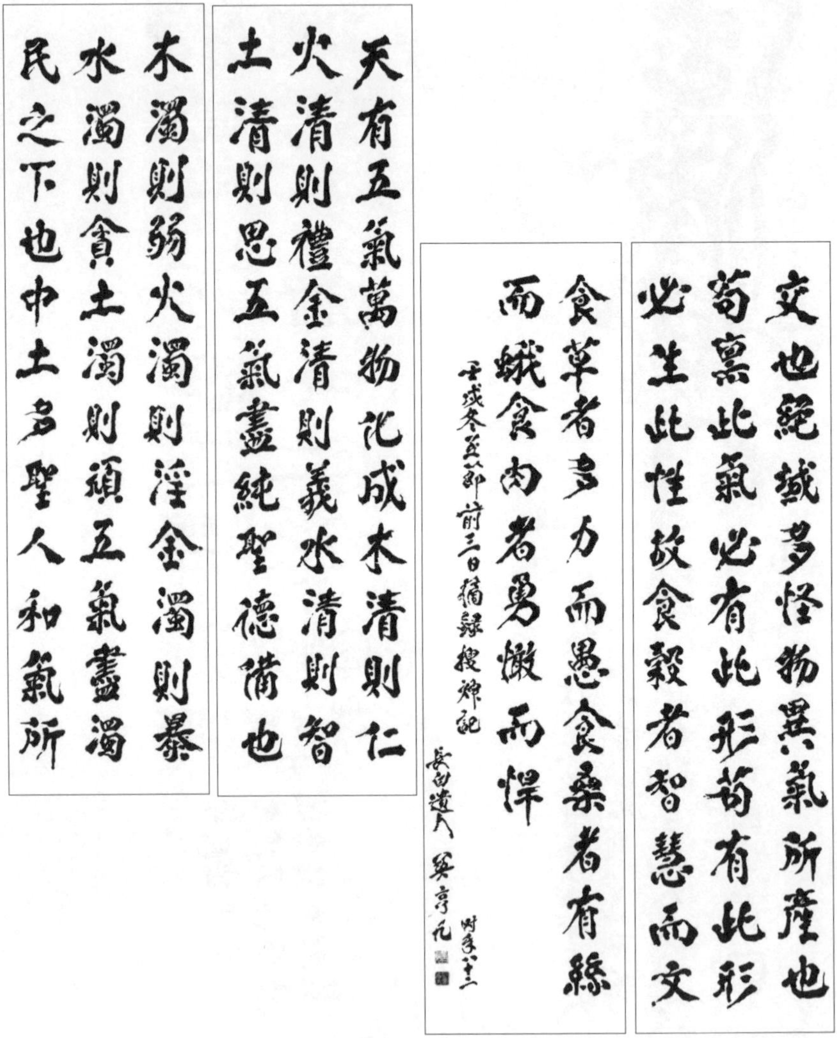
天有五氣萬物化成木清則仁
火清則禮金清則義水清則智
土清則思五氣盡純聖德備也
木濁則弱火濁則淫金濁則暴
水濁則貪土濁則頑五氣盡濁
民之下也中土多聖人和氣所
文也絕域多怪物異氣所產也
苟稟此氣必有此形苟有此形
必生此性故食穀者智慧而文
食草者多力而愚食桑者有絲
而蛾食肉者勇敢而悍
壬戌冬至節前三日猶錄搜神記
長白遺人 關亨九
時年八十三

圖3-3　關老書法

下　編

第一章　醫·古

　　我在修真練武體驗中,對醫學、科學略有所得,僅撰成文,以供參考,並請方家教正。對醫學著有三虎概論,對科學著有探古求今。

第一節　醫　理(三虎概論)

　　三虎概論引言:

　　虎能傷人,病能害人。所以人們往往把難治之病比作虎。打虎必須有神槍獵手,治病必須有聖手醫生。說明治病就是擒虎,擒虎要知虎的行蹤,治病要曉病的來源。行蹤不明,何能擒虎,來源不知,哪會治病。

　　目前人們所患的高血壓、關節炎和癌症,害人之甚,傷人之多,比虎還凶。爲了治病救人,萬萬不可忽略這三隻虎。因此,我把我所體驗到的,寫出三虎概論,只能說是心願,而不是問世,信不信在你們,用不用也在你們。

一、高血壓

　　血隨氣行。氣有陰陽,血分清濁。陽氣上升,陰氣下

降，清隨陽升，濁隨陰降。血勝於氣則血沖，氣勝於血則血貧。沖則過實，濁血上行。貧則過虛，清血下降。實系血漲，貧系氣脹。兩者都是反常而逆行，以致令人頭昏腦漲，面腫目赤，此高血壓之症候也。

七情六慾，能使人氣血不調，風寒燥濕，能使人氣血驟變，此得高血壓之根源也。不調則非實即虛，驟變則非沖即虛。因此血壓忽高忽低。

尤其是勞力過度傷陽氣，勞神過度傷陰氣。陽傷陰必勝，陰傷陽必勝。兩者均非所宜。陽勝則濁血上浮，陰勝則清血下降，謂之反沖。陰陽俱傷，則清血沉，濁血澱。謂之雙沖。反沖是時高時低，雙沖高而不降，即陰陽雙方相持不下也，因之反沖較輕，雙沖較重。雖然如此並不上脈，診遍寸關尺，也是枉然。

所以，病的來由，病的變幻，不可不知，實本宜降，但降必要轉虛。虛本宜補，但補又恐轉實，以致實也實不得，虛也虛不得，亦即降也不得，補也不得。況且藥石只能入腸胃，外走營衛。氣血之道格格不入。縱使吃遍地道，然亦無效，甚至高的發燒，漲的頭痛。經年累月纏綿不休，令人煩惱，越煩惱越沖變，反而加重。此即高血壓難治之緣由，亦即如虎之傷人也。

二、關節炎

古人云：「谷神不死，可以長生。」這句話對於關節炎有很大的啓示（谷神者即骨節中間之膜，俗叫骨墊）。氣血衰弱，精髓不足，則骨膜萎縮失去骨與骨各節聯絡運動之能力。男則偏左，女則偏右。偏左左重，偏右右重。

上行病在手與臂，下行則病在胯與足，日久手蜷足縮，竟成不治之症，最後必致牽涉到督脈，反映於口腔，因此舌僵咀笨，不能言語，此關節炎之症候也。

此症屬於陰，往往得於夜間，或重在子午，實係傷陽虧精所致也。精虧則髓不足，髓不足則骨枯，骨枯則膜失潤，不能養谷（谷即骨膜也）。人身有四寶，氣足則壯，血足則強，精足不老，髓足延年。反之氣弱血虧，精竭髓枯，非夭即亡，不可不知。

關節炎是多係內傷精髓，外感風濕。內傷是主因，外感是次因。精髓一傷，風濕勢必侵入，內外交加此病乃作。開始四肢無力，似懶非懶，似睡非睡，神色萎喪。日久周身麻木，漸漸骨節酸痛，乃成關節炎矣。

這種病壯年與年老人有所不同。壯年人往往因為房事過度，又不擇時，毫無顧忌，因之傷精損髓。老年人是因氣血衰弱，因之精髓不生。原因不同，其病則一。所以少壯年人得此病叫損精。老年人得此病叫虧髓。子午不交媾，二至要獨宿。過饑、過飽、過勞都應注意。

虧與損，本來都應當大補，但補所用之藥，非茸即參，多屬大熱之品，他僅能在內臟發生作用，難以達到骨膜，反而起著生火發燒的副作用，給虧損病弱的人，增加其他病症。如用針灸，則近骨，勢必傷筋。找穴也尋不到膜，病自頑皮其奈他何。所以說他也是一隻傷人之虎也。

三、癌　症

人身本有先天之氣，此氣有陰陽清濁之分，陽清上升，陰濁下降。以生以長，本無害處。只因人饑則必食，

渴則必飲。後天之穀氣與水氣隨之而入，附於清者它能營養，附於濁者它乃便溺。隨溺所餘毒氣，久積成患，潛於腸胃，反與穀氣混合，散佈周身。因之此毒無處不到，處處皆有。然後發於表裏，發於表者則生癰疽惡瘡。發於裏者即成癌瘤。

此時穀氣不但不供營養，而且反助毒瘤生長。以瘤生瘤，一瘤多瘤瘤長瘤，竟如生物之孳生，即所謂子母瘤也。停於腸胃者則爲腸胃癌，停於胸腔者則爲食道癌，上升到腦膜，到五官，發於某處，某處就生癌。

毒瘤開始是由積毒而生，其性最惡。瘤生瘤，再生遺傳瘤。毒較少，或無毒其性粘。性惡令人早死，性粘使人遲亡。它的跡象，最初是腸胃發炎，胸腔發燒，飯後更甚，思飲如渴，這是潛伏期。縱使檢查，但它又不上脈，呼吸又很正常，並無異樣，然而一經發現即不易治，形成致人死亡之敗症。此癌症之來由也。

癌毒是人身中日積月累而成的，年歲越大，積毒越多。因此凡患癌症者多屬老人（約在五十至七十歲以上）。癌症即非內傷，又非外感；既非虛，也非實。因此不論人的強弱而只在一個毒字上。

主治是要清毒。但這種毒在人身上流動不停，難找一定患處。治此失彼，無法投以藥石。如先清此處毒，而別處又發，往往藥石所到之處而非病之所處。如是其奈病何？縱使施用手術，割之切之，但此處沒割清，而彼早又生，以致割不勝割，割也無效。此癌症所以棘手也，亦即三虎中最凶之一虎也。

第二節　擒　虎（即治療）

以上既知病之由，亦既如知虎之蹤，虎要追蹤而擒之，病要扼要而治之。這三種病的要害，是在本而不在末；是在裏而不在表，隱藏於人身想不到的地方。例如高血壓藏於肘裏靜脈集結處；關節炎藏在會陰穴，任督相會之處；癌症藏於兩肩窩，肩頭與乳房相連處，此其病之本源也。肘裏觀之靜脈壯大無此病，反之靜脈隱而不現，細小而難尋，就是高血壓的徵候也。會陰捫之平穩者無此病，反之跳動宏大，或纖弱，即關節炎之徵候也。肩窩按如海綿之軟者無此病，反之僵而硬者即癌症之徵候也。這三處除曲肘靜脈注射時或用之，其肩窩與會陰向來多不採用。我偶然提出，可能惹人不信。應當研究的就在這裏。

藥物對這三種病來說是無用的。因爲對這三種病的用藥是很困難的，既熱不得又涼不得，即降不得又補不得，既清不得更表不得。如用針灸又因這三種病流動性太大，對時找穴尤爲不易。稍一不慎，不但治不了病，反而容易造成後遺症。

古人云奇病異治，道外有道，術外有術。葛洪《通玄論》上說過：「治病先從知病起，不僅知病要體病。人病我病乃知病，醫患相關方去病。」此即身神療法之要義也，亦即闡明古之砭針術也。以下我再把用砭針術治療這三種病的關鍵略說一說。

身神治療主要在一個氣字（不是普通之氣功）。

（1）降氣排濁以治癌；

（2）調氣通谷以治關；

（3）和氣平血以治壓。

對於醫生用術方面，有嚴格的要求，降氣必用拿雲之手，調氣必用震撼之力，和氣必如春風之化（拿雲、震撼、春風是砭針術的術語，更是醫師手上必練的功夫）。這種基本功夫非素有鍛鍊不可得，用時要醫師與患者兩心相印互有呼號才能把病喚出，然後用手術治之。當前之針灸，即與古之砭針術一脈相承，但此術學之不易，傳者亦少，因之久不問世，良可概也。

高血壓、關節炎、癌症三種病害人，其凶如虎，眼看三虎傷人，能不痛心？縱使聖手難以回春，然亦不可無濟世救人之念。僅撰斯篇，聊表微忱，但是孤陋寡聞之談，仍乞笑而賜教。

第二章　探古求今

　　對科學來說，我是文盲，不是內行。不過我是個科學愛好者並在修真練武中有所體驗，向科學家們求教而寫這篇作品。在科學方面毛澤東主席曾說過：「古爲今用，洋爲中用。」很值得我們遵循。凡是科學愛好者，更應該深深地領會，用以探討古之科學，研究今之科學。要挖掘中國固有科學的潛力，要深鑽外洋現在發明科學的理論，用古代的科學對證現今之科學，追古之根，求今之源，以古啓發今之理論，以今之理論達成古之現實，以中國固有之科學爲體，以外洋發明之科學爲用，很可能中國固有之科學，就是外洋發明科學的創始。由此可見，我國不僅不是落後，而是先進的先進。

　　所以要雙管齊下，兩條腿走路。古就是今，今就是古。亦今亦古，才能落實古爲今用，洋爲中用矣。

　　科學本來是一門最樸素的學問，它是大自然的規律，反映了天文、地理、人事、物理。我們如果能夠找到這一規律，掌握這個規律，加以鑽研，就能達到我們所要求的目的。有所創造，有所發明。

　　中國在上古時期，早就有人說：「法天、法地，法萬物。」又說：「一物有一身，一身自有一乾坤。」這就揭示出科學的秘密，啓發出科學理論。降及幾百年幾千年幾萬年，人類隨著社會的發展，相繼不斷地鑽研，找出大自然的規律，才產生出由古至今的中外科學家，創出很多的奇蹟，爲人類服務。

　　自然規律離不開宇宙、空間，離不開天地萬物。這就是大自然反映出來的事實。所以人就是依據這一規律而生存而生活，否則就沒有生命，更談不到生活。

　　什麼是規律？規者中正不倚謂之規，律者有條不紊謂之律，這個規律視之不見，聽之無聞，蘊藏於縹緲虛無之中（空間）。即古人所謂法天、法地、法萬物所闡明的法自然。

　　人身就是很好的、完整的一部實驗台和科學試驗室一樣，它顯示出乾坤宇宙和空間。它有磁心，它有磁極，它有磁場。它有電感、電源，它有電流，它有螢幕光譜，它有聲谷、聲波。它能遠感近應，它能近知遠覺，更有生物遺傳性，時顯時隱。顯則大隱則微。人身正常是合乎規律，合乎大自然的規律，便沒有疾病。

　　人身失常是脫離規律，脫離大自然，必要衰退死亡。這些都出於人身所體驗，它和科學試驗一樣，所得結果，人身與實驗室沒啥區別。但是因為它局限於身內，放射性不如科學實驗室效力大，所應研究的就在這裏。整個歸納起來，都沒脫離大自然內在規律的範疇。因此我把我在修真練武所得的體會寫出，本來未成熟沒有什麼名堂。勉強命名為「探古求今」，稱不起論文，不過略述梗概冠於篇首，作為引言，尚望大方家給予教正是幸。

第一節　宇宙空間篇

　　古人云「混沌」，混沌如球，其大無所不包，無所不容。橫而剖之分為上下兩半，謂之上下弦。上半為天如蓋

之俯，下牛爲地如盆之仰。人居中間，平而如盤。又云：「群群一困。」困者是古之圓倉即穀倉，群群之穀束於倉中。此其比擬之象也。詳言之群群者乃四正四斜也。四正爲幹，中正不倚屬靜；四斜爲肢（支），有條不紊而屬動。幹端陰陽水火，支尾雷雨風雲。爲是由空間之混沌而形成一困之宇宙。

　　因此宇宙以方圓爲形，圓則天包地，方則地承天。形有動有靜，圓動方靜。以陰陽爲性，陽性剛陰性柔，剛而健柔而隨。以四方爲位，位有東南西北。有上有下，上則彌高，下則彌深（即易之六虛）。以五行爲質，質分火水木金土。有順有逆，順之則生，逆之則亡（生剋）。以數爲量，數分內外，隨形定質，在內爲小，在外爲大，分佈周流。以日月爲度，十二時爲一日，三十日爲一月。以四時爲序，序有春夏秋冬，二十四節，七十二候。一年三百六十日，象徵周天三百六十度。一動一靜，一來一往，一盈一虛，一消一長，演成自然之規律。此中有陰陽相交，有水火既濟，有風雷震盪，有雲行雨施，因時而遇化，遇機而變。相因漸進謂之滲。即古人所說：「天地可做一物觀，一物可做天地觀，畢生可作一日觀，萬古可做晝夜觀。」運有自然，機有必至。體驗於人身亦如是也。此乃筆者在修真練武所體會，亦即武當拳宗之一部分也。

第二節　方向定位篇

　　前方爲南，後方爲北。左方爲東，右方爲西。前後直行，左右橫陳，而成四支。四方之隙角，生出東北、西

南、東南、西北,而成四支,支干各有各名。干端在南藏陽名乾,干端在北藏陰名坤,在東藏火名離,在西藏水名坎。支尾東北藏雷名震,西南藏風名巽,東南藏雨名兌,西北藏雲名艮。此天之定位也。

干端藏火於南名離,藏水於北名坎,藏木於東名震,藏金於西名兌。支尾藏地於西南名坤,藏天於西北名干,東南藏風名巽,東北藏山名艮,此地之定位也。

人則頭南尾北,左腋東,右腋西。左肩東南,右肩西南,左足東北,右足西北;頭尾和兩腋為體為干,兩肩兩足為支。法天則隨天之位和名及其所藏,法地則隨地之位和名及其所藏。

干居中正不倚,支居四角,有條不紊。干旋支轉,靜則俱靜,動則全動。天動地隨,地動人隨,不失其位,而演成大自然之規律。

第三節　五行定質篇

五行者萬物之性質也。曰火水木金土,土則居中,火居南,水居北,木居東,金居西。南方屬離故為火,北方屬坎故為水,東方屬震故為木,西方屬兌故為金。順行由火開始,火能生土,土能生金,金能生水,水能生木,木能生火,生生不已。

逆行由木開始,木能剋土,土能剋水,水能剋火,火能剋金,金能剋木。連連相繼,生則成,剋則化。土居中應四方之行,互相統一又互相對立。互相和合又互相排斥。依賴數字內外運動,以成造化。

第四節　數字安排篇

　　南一北八，東三西六。東北數四，西南數五。東南數二，西北數七。無極居中（即○也）此乃天之數也。南九北一，左三右七。東北數八，西南屬二，東南數四，西北數六，五數在中，此乃地之數也。五者中心也。天俯四干向下故心在上，地仰向上故心在下。人居中平，橫臥或立，故心在中。因此天心比人腦，地心比會陰。人心即本心。天心五氣朝元，地心五氣朝海，人心感於五衷，此五數之作用也。

　　五在中爲數之基（即○也）。亦即五字數之本質也。各數之有位，又叫數值，所以說數是有質有量。數之基在中，亦即在數前爲內，在數之後爲外。內可變小謂之質變，外可變大謂之量變，品質之變，各有一定之數如下。

　　質變之小即錢、分、厘、毫、絲、忽、微、纖、沙、塵、均、埃，渺、漠。十漠爲一渺，十渺爲一埃，十埃爲一均，十均爲一塵，十塵爲一沙，十沙爲一纖，十纖爲一微，十微爲一忽，十忽爲一絲，十絲爲一毫，十毫爲一厘，十厘爲一分，十分爲一錢，愈變越小，此數之質變也。

　　量變之大，即一二三四五六七八九十，百千萬，萬萬爲億，萬萬億爲兆，萬萬兆爲京，萬萬京爲垓，萬萬垓爲秭，萬萬秭爲穰，萬萬穰爲溝，萬萬溝爲澗，萬萬澗爲正，萬萬正爲載，萬萬載爲極，萬萬極爲恒沙河，萬萬恒沙河爲一阿僧祇，萬萬阿僧祇爲那由他，萬萬那由他爲一

不可思議，萬萬不可思議爲無量數。

以上數變小到微而不見。大到無量，是由無到有即由零生一。由小到大，即由一到十百千萬萬不可思議。大乃宏觀，小乃微觀。數前零越多越小。數後零越多越大。零在兩個數位中間，它可以聯繫兩個不同位數。五屬中央，其作用與此相同，混而是一，分而成五。五爲一掬，十爲一段，以成百千萬至於無量。

小與大雖然都是由數變而來，但其功能往往小勝於大。例如塵埃微而不見，可是它能充滿宇宙。說明小之多能勝大之少。大小之間生造化乃萬物之機，不可不知。

第五節　陰陽爲性篇

陰陽乃大自然之一氣。分之而成陰陽，陰氣陽氣各有其性。陽性剛而健，陰性柔而順。陽中有陰，陰中有陽。陽中有陰爲化，陰中有陽爲生，陽雖位於南，而實起於北。陰雖位於北，而降於南。陽升陰降，陽長陰消，一往一來，無終無始，如環之無端，循環不已。謂之亦陰亦陽，一而二、二而一也。

陰陽順爲德，陽健爲殺。氣以時運，性由節行。陽升至南爲陽極，陰降至北爲陰極。陽極本生熱，因極而反寒。陰極本生寒，因極而反熱。孤陽不長，孤陰不生。陰陽相交，和合之氣，乃生萬物。宇宙之變化，天地之運行，都在陰陽氣。

人亦如是，氣行則壯，氣窒則弱。氣隨數行乃成質，由質而成形。天地造萬物，謂之天賦。萬物法天地，謂之

承運。物有表裏，人有胸背，陰陽就在身中。陽入陰出，
一呼一吸。陽動陰靜，一實一虛。陰能承負，陽能發號施
令。宇宙不覆，天地不顛，全賴此焉。即所謂大自然之大
氣也。

第六節　日月為度篇

　　宇宙之干即天干也。宇宙之支即地支也。干有十，為
甲乙丙丁戊己庚辛壬癸。支有十二，為子丑寅卯辰巳午未
申酉戌亥。附於方位，隨行而運。
　　十二時為一日，三十日為一月，三個月為一季，四季
為一年。日有朝夕，月有朔望。朝夕以分晝夜，朔望以明
盈虧。日出日入，潮起潮落即此證也。

第七節　四時為序篇

　　空間自然之氣，一分而為陰陽，再分而為四季。即春
夏秋冬也。春夏屬陽，乃陰中之陽。秋冬屬陰，乃陽中之
陰。春夏是陽氣游於陰之六虛，秋冬是陰氣行於陽之六
道。此中有四立與二分，兩極與二至。二至到節到，謂之
正受。節到而氣未到，或氣到而節未到，謂之超神接氣。
四季循環，節節相銜，春去夏來，夏去秋來，秋去冬來，
冬去春來，三個月為一季，十二月為一年，此乃一小周
也。六十年為一甲子，此一大周也。隨干支與數字以時運
行而成歲序。

第八節　宇宙均衡篇

氣行於宇宙，本係一團混沌，依其方向以數周行，一八相對，二七相對，三六相對，四五相對，均各爲九。反之相背而均之小則爲四點五，大則爲四十五，小的一周爲三十六（內行），大的一周爲三百六（外行）。小則爲宮，即所謂六六宮總是春也。大則爲周天度數，謂之天均。

若一九相對，二八相對，三七相對，四六相對，均各爲十，平而衡之，則各爲五。隨天運行，爲八個五，加上中原有一個五，和相對時中宮所得的兩個五，合爲十一個五。其數共爲五十五。乃是天數五個五，五五相乘得二十五。地數六個五，六五相乘得三十。其數也是五十五，謂之地衡。總稱爲天均地衡，謂之宇宙均衡也。

第九節　家族六子篇

規者歸也，歸納於中，即大氣團聚一起，比之爲家。例如乾一爲老父，坤八爲老母。兌二爲少女，艮七爲少男。離三爲中女，坎六爲中男。震四爲長男，巽五爲長女。一八相向爲乾坤相交，二七相向，爲少女少男相感，三六相向，爲中男中女相感，四五相向，爲長男長女相感，陰陽交感，各得其所。

男歡女悅，各抒其情。八口之家代代相傳，孳生不已。何止八口，此即是和合之道，造化所生，合聚生恩，

不可不知（先天之學）。

若乾六爲父，坤二爲母，兌七爲少女，艮八爲少男，離九爲中女，坎一爲中男，震三爲長男，巽四爲長女，一九相對，二八相對，三七相對，四六相對，則老少男女，均不相稱。雖屬相對而不相合。互相對立，互相排斥。總使團聚在一起，有時必要分、分則裂。合聚分裂，都能導致發生變化。合而成之，分而化之。形成家族，比諸萬物。非我族類，其心必異。心異則變起，變起必動，造化即在此中矣。

以上所說的族與家的變化，是形容大自然之規律也。

第十節　國防強弱篇

矩者拒也，拒之於外也。即大氣之散放於四方，比之爲國。也就是圓要知方。三王在中以轄四方。古人說：（皇帝觀四方）前觀三，後觀三，左觀三，右觀三。前觀三是看巳午未，後觀三是看亥子丑。左觀三是看寅卯辰，右觀三是看申酉戌。即所謂大堇之國也。

四正成二十，四斜爲四方。六位橫三爲三王。王爲帝而居中其如（堇）字，四方爲界，周邊爲疆。聚則可守，散則能攻。守必要合，合則力大。攻必求擴，擴則遠威。民爲邦本，雖小而成眾。在宇宙中空間比之恒河沙，又像塵埃無處不有，無處不充。此微之多勝大之少也。所以物理有強弱、有大小、有散聚。不可不知。

第十一節 核 篇

天地人都有一個心,即所謂核心,因九數裏五居中,前有一二三四,後有六七八九。故核心屬五,十為核,五為核中之仁。一二三四為第一層,六七八九為第二層。第一層為肉為脂,第二層為皮為膚。

聚內為微為心,隨數之質小到無有。外散為宏為體,隨數之量大到無量。何止千萬層,層越堅固越易裂散,遇阻則爆炸,即所謂聚變和裂變也。

第十二節 堆 篇

堆者即宇宙之位數由一到九互相疊落,一作尖頂九作落底。形成錐狀之堆。堆底即宇宙之圓周,漸漸高起。即九八七六五四三二一零為尖為端。五居於中,向四面八方而輻射。光線速行以至於無邊無際。

無窮無盡無止境,有隙即過,有孔就鑽。遇阻則激發,無堅不摧。即所謂鐳射能穿孔也。

第十三節 台 篇

台者即宇宙之位數,由十起,十而百,百而千,千而萬十萬百萬,千萬萬萬而成七級之台,五居台中,向四周而外發。隨數之起伏而成波。連續周播,一波套一波。波波不斷,逐漸擴散。遇阻則震動而發聲,即所謂超聲波

也。

第十四節　塔　篇

　　塔者即以宇宙之位數，各個數字本身自乘。例如一一
爲一，一二爲二，二二爲四，一三爲三，二三爲六，三三
見九，等等。第一個數字之倍數接以第二數的倍數（以下
同此），一直接到九的自倍數，成相疊之式，現出九層之
塔。五數在中，作爲磁心，直起則變爲磁極，按數之放
大，發出無量之電。遇阻則震撼而成流。動力甚大，所謂
電閃雷沖者也。

第十五節　磁　篇（磁極、磁心）

　　大氣分陰陽，陽在左、陰在右。當中之隙，有中正之
物謂之磁。磁心居於二氣之中。依宇宙之方位，南北兩端
謂磁極。向南則謂之陽極，向北則謂之陰極。隨中之五數
向外放射，如吸如引，謂之磁力。
　　磁力是諸力之源。光無磁不明。電無磁不感。聲無磁
不蕩。子無磁不聚。因此磁叫磁母。

第十六節　符號篇

　　上古之符號，它是有圖無文。即河圖與洛書也。在黃
河之馬和洛水之龜的背上所現的陰陽點圈排列成行，內外
有序。而演出數之圖說。中古以下乃有文字之數位，即原

始用之計算的碼子。爲I、II、III、×、8、☉、⊥、土、〓、十。近代的數字乃有寫出的一二三四五六七八九十。成後又深化演出天干地支八卦等符號。

　　天干符號爲：甲乙丙丁戊己庚辛壬癸。

　　地支符號爲：子丑寅卯辰巳午未申酉戌亥。

　　數變的符號：即＋（加）－（減）×（乘）÷（除）。

　　卦的符號：即陰陽變動的符號。例如乾（☰）、兌（☱）、離（☲）、震（☳）、巽（☴）、坎（☵）、艮（☶）、坤（☷）。

　　符號者，即大自然規律之標誌也。它能代替陰陽，能代替動靜，代替變化。能代替大小，能代替多少，能代替散聚。能帶領周轉，能帶領進退。學者無論修真練武，都必須掌握這些符號，才能掌握大自然的規律，方能法天則地，法四時知晝夜。知拳術之剛柔，找出精神氣力之源。萬勿輕視而失機，切切。

第三章 總 論

我國古代之哲學，往往合乎近代科學的理論，不過因為上下歷經幾百幾千幾萬年之遞傳，以致失真。其原因是被各代儒家用其玄虛以彰文采。歷代武人用其伏藏以作陣勢。歷代政客用其縱橫以之遊說。都是私人己見，用於事務，而鮮用於科學。偶爾涉及天文地理，又只談天地日月星辰，並沒闡明大自然的整個的規律。縱使僧道各家，有時引用，但又僅僅專於修煉，更陷於迷信，阻礙了發展，日久湮沒，良可惜也。況且大自然只是一個，並無古今之分和中外之別。先發現者是這個規律，後發現者無疑也是這個規律。先後與中外的自然規律，並無兩個。說明現代行之有效的，無疑就是古代行之有效的。種種發現，樣樣創造，都沒逃出這一大自然的規律範疇。

因此，我相信探古就是求今，知今必須通古。所以在我所知道的基礎上，寫出以上幾篇不成熟的東西來，希望不久的將來，實現我所探求的目的。

雖然，未見用於當時，但在我內心裏愛科學。最後我有幾句話，向科學家們討教討教。科學是一門樸素純潔的學問，怎樣對待科學？是學者最重要的問題。要用天真理解它，不要以自己的淵博追求它。自然始終是自然規律唄，須知你多麼淵博，未必把它全面弄懂弄通。如果天真一動就能碰到找到，然後還要將自己放到裏邊去，才能掌握這個規律，使用這個規律，有所發明，有所創造。僅將我體會到的、領會到的貢獻給國家。

附錄　關師手稿封面

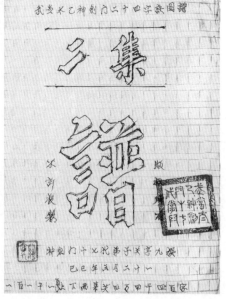

後　記

　　武當太乙神劍門功法研究會自1993年成立以來，武術界許多朋友經常問我，神劍門是一門什麼樣的功法？是專門練劍的嗎？字拳是套路嗎？張三豐翻外家為內家是怎麼回事？等等不一而足。

　　面對諸如此類的詢問，我很難用簡單的語言來回答。因為太乙神劍門功法是一門非常系統而又完整的功理功法。它是武當一脈的拳藝正宗，既是暗藏道家經典玄機的門徑，又是中華民族武學中文武合一、拳納於字的字拳絕藝。它有理、有法、有功、有訣，講的是內修外煉的完美結合，重的是單操與實戰的二者合一。其博大精深更非三言兩語講得清楚。況且神劍門戒律極嚴，一直以它的神秘隱於武林；聞其名而不見其形，世上很難看到它。這次《真宗》的出版，正是為了滿足所有關心武當，喜愛武當並對太乙神劍門功法情有獨鍾的武學愛好者的願望，同時也是繼關老《武當修真秘笈》的傳承和延續。

　　由於少林拳法風行於世，武當功法隱於民間，外而露內而隱，總是武學界的一大憾事。《真宗》的出版力求彌補這一缺憾，讓人們在不同的武學領域瞭解武當武學的奧秘，探索武當武學的真諦，也讓這門近千年來一直單傳、秘傳、家傳的武當絕學走出神秘的殿堂。

　　本書在整理編輯的過程中，我無時不感念恩師的教誨，感受恩師的頑強，這是一本承載著一代宗師的全部心血的結晶。十年浩劫，傳承近千年的古譜毀於一旦。劫後

關老已年過八旬，憑著他的頑強毅力，艱苦的回憶，歷經數年，使《真宗》原文才得以記錄下來，這不能不說是人間的奇蹟。這是恩師關亨九前輩留給世人最最珍貴的武學遺產，中華武學文化的又一塊寶。

在成書的過程中，猶如恩師在我身邊，耳提面命，一直伴我完成此書，在此也告慰老人家在天之靈，武當絕學後繼有人，弘揚天下，您老安息吧！

此書在成書前，市面上有些單行本發表，但由於出版者的疏忽及主觀片面理解，很難讓人融會貫通。即使是《武當修真秘笈》也多有不解之處。原因不光是文化水準問題，皆因本門是口傳心授，又有悟性高下之分。何況古人常說：「得訣歸來好看書。」可想而知未得訣當然看書就難了。

另外還有一些自編、自解、自創的，其中有一本叫（《武當修真秘笈詮編》秘錄注本）中將《武當修真秘笈》中丟字的「七絕手」實際應是「亦字七絕手」，將錯就錯；又將「龍虎展十五勢」寫成為「龍虎展十三勢」，並注釋為：「此字出於關老之手而作，為武林秘持法專修神示之筆，隱深脈學。」其實「龍虎展十五勢」是本門秘傳絕技，非關老手書，乃祖傳至寶，是本門前輩在皇宮中的拓片原文，也是「野鶴道人」的匾額絕技留真。此次一齊糾正並展示給世人，避免以訛傳訛，弄假成真，還武當太乙神劍門功法真宗全貌。

總之，這本書的出版對中華民族武學理論研究和探討提供了又一個新思路，也是一代宗師關亨九前輩對中華武學的一大貢獻。它承載著五千年的文化，啟迪著人們的智

慧，震撼著人們的心靈，詮釋回歸自然的人生。

　　此書在編輯過程中承蒙許多朋友的關心和支持，特別
是關凱軍師兄、周學良師兄的鼎力相助，才得以使書稿成
爲文本。又承蒙張成仁師兄和常學剛老師大力舉薦，馮黎
主編爲此書做序，山西科學技術出版社的大力支持，才使
此書得以面世。爲此我再次真誠地感謝各位朋友給予神劍
門的厚愛與支援，也祝願此書能給後人指明練武修身的途
徑，以便共同提高武學修養，真正把中華武學這一古老而
又科學的傳統文化，中華民族這一奇葩發揚光大。

太極武術教學光碟

太極功夫扇
五十二式太極扇
演示：李德印 等
(2VCD)中國

夕陽美太極功夫扇
五十六式太極扇
演示：李德印 等
(2VCD)中國

陳氏太極拳及其技擊法
演示：馬虹(10VCD)中國
陳氏太極拳勁道釋秘
拆拳講勁
演示：馬虹(8DVD)中國
推手技巧及功力訓練
演示：馬虹(4VCD)中國

陳氏太極拳新架一路
演示：陳正雷(1DVD)中國
陳氏太極拳新架二路
演示：陳正雷(1DVD)中國
陳氏太極拳老架一路
演示：陳正雷(1DVD)中國

陳氏太極拳老架二路
演示：陳正雷(1DVD)中國
陳氏太極推手
演示：陳正雷(1DVD)中國
陳氏太極單刀・雙刀
演示：陳正雷(1DVD)中國

楊氏太極拳
演示：楊振鐸
(6VCD)中國

本公司還有其他武術光碟
歡迎來電詢問或至網站查詢
電話：02-28236031
網址：www.dah-jaan.com.tw

原版教學光碟

歡迎至本公司購買書籍

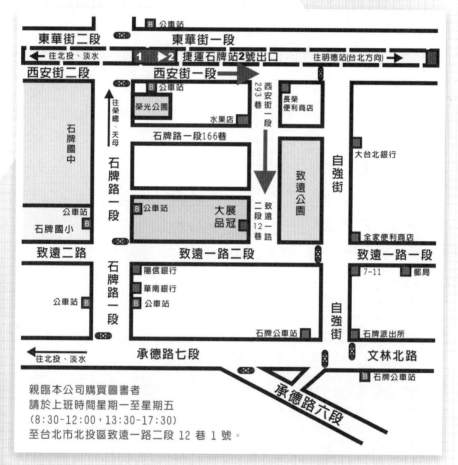

親臨本公司購買圖書者
請於上班時間星期一至星期五
(8:30~12:00，13:30~17:30)
至台北市北投區致遠一路二段 12 巷 1 號。

建議路線
1.搭乘捷運‧公車
　　淡水線石牌站下車，由石牌捷運站2號出口出站(出站後靠右邊)，沿著捷運高架往台北方向走(往明德站方向)，其街名為西安街，約走100公尺(勿超過紅綠燈)，由西安一段293巷進來(巷口有一公車站牌，站名為自強街口)，本公司位於致遠公園對面。搭公車者請於石牌站(石牌派出所)下車，走進自強街，遇致遠路口左轉，右手邊第一條巷子即為本社位置。

2.自行開車或騎車
　　由承德路接石牌路，看到陽信銀行右轉，此條即為致遠一路二段，在遇到自強街(紅綠燈)前的巷子(致遠公園)左轉，即可看到本公司招牌。

國家圖書館出版品預行編目資料

武當太乙神劍門眞宗 ／ 關亨九 著　張桂生 編
——初版，——臺北市，大展，2013〔民102.03〕
　面；21公分 ——（武當武學；1）
　ISBN　978－957－468－938－5（平裝；附影音光碟）
1.武術　2.中國
528.97　　　　　　　　　　　　　　　　102000427

【版權所有・翻印必究】

武當太乙神劍門眞宗 附 VCD

著　　者／關亨九
編　　者／張桂生
責任編輯／王躍平
發 行 人／蔡森明
出 版 者／大展出版社有限公司
社　　址／台北市北投區（石牌）致遠一路2段12巷1號
電　　話／（02）28236031・28236033・28233123
傳　　眞／（02）28272069
郵政劃撥／01669551
網　　址／www.dah-jaan.com.tw
E - mail ／ service@dah-jaan.com.tw
登 記 證／局版臺業字第2171號
承 印 者／傳興印刷有限公司
裝　　訂／建鑫裝訂有限公司
排 版 者／弘益電腦排版有限公司
授 權 者／山西科學技術出版社
初版1刷／2013年（民102年）3月

定　價／350元

●本書若有破損、缺頁請寄回本社更換●

大展好書　好書大展
品嘗好書　冠群可期